PARIS 2024,
UN DÉFI FRANÇAIS

VINCENT ROGER

PARIS 2024

Un défi français

préface de Jean-François Lamour

l'Archipel

Notre catalogue est consultable à l'adresse suivante :
www.editionsarchipel.com

Éditions de l'Archipel
92, avenue de France
75013 Paris

ISBN 978-2-8098-4318-7

À Sophie
À Gaspard et Solal
À la génération 2024

« Si la France brille à l'étranger par ses penseurs, ses savants,
ses artistes, elle doit aussi rayonner par ses sportifs.
Un pays doit être grand par la qualité de sa jeunesse
et on ne saurait concevoir cette jeunesse sans un idéal sportif. »

Charles de Gaulle

« Le sport a le pouvoir de changer le monde.
Il a le pouvoir d'unir les gens d'une manière quasi unique.
Le sport peut créer de l'espoir là où il n'y avait
que du désespoir. »

Nelson Mandela

« La pratique du sport est un droit de l'homme.
Chaque individu doit avoir la possibilité de faire du sport
sans discrimination d'aucune sorte et dans l'esprit olympique,
qui exige la compréhension mutuelle, l'esprit d'amitié,
de solidarité et de fair-play. »

4e principe fondamental
de la Charte olympique du CIO

« Un marathon nous attend.
Mais il va falloir le courir à la vitesse d'un 100 mètres.
On s'entraîne pour cela depuis longtemps. »

Tony Estanguet, à propos des Jeux olympiques
et paralympiques de 2024

Préface

Un siècle nous sépare des derniers Jeux d'été organisés sur notre sol. Cent ans que la France et les Français espéraient à nouveau accueillir cette incroyable manifestation sportive universelle. C'est peu dire que notre chemin a été semé d'obstacles et de désillusions... Mais les enseignements ont été tirés de ces déconvenues pour nous offrir enfin la possibilité de recevoir à nouveau les sportives et sportifs du monde entier.

Aujourd'hui, le défi à relever est immense. D'une sympathique réunion de sportifs privilégiés, les Jeux olympiques et paralympiques (JOP) sont devenus, au fil du siècle dernier, un rendez-vous majeur en matière d'innovation, de sécurité et d'hospitalité. Au XXIe siècle, de plus en plus, s'inscrivent dans l'ADN de leur organisation et dans leur héritage des enjeux d'inclusion, de solidarité et d'excellence environnementale.

Plus encore, cette édition « Paris 2024 » sera la vitrine d'un olympisme modernisé, rajeuni, plus en phase avec les aspirations d'une nouvelle génération de spectateurs et téléspectateurs.

Un programme olympique porté par un vent bénéfique de nouveaux sports, une intégration totale du paralympisme au sein de l'événement, une parité qui tutoie le parfait. Une sacro-sainte cérémonie d'ouverture, dont le traditionnel défilé en avait assoupi plus d'un, se déroulera sur la Seine pour émerveiller le monde. Tous ces éléments marqueront à jamais une ère nouvelle pour les JOP.

Mais il n'y a pas au monde d'objet événementiel plus complexe à concevoir, à gérer et à organiser que les Jeux olympiques et paralympiques. Vincent Roger s'est plongé, avec gourmandise et professionnalisme, dans cet univers aux multiples facettes. Il réalise l'exploit de décrire méthodiquement, j'allais dire de manière chirurgicale, les arcanes de Paris 2024 où se côtoient mondes politique, sportif et économique.

À travers ce livre, il nous invite également à réfléchir à l'impact des Jeux pour notre pays en matière éducative, sociale, sociétale et économique. Avec lui, je forme le vœu que les JOP soient un tournant pour la place du sport dans notre société, tant les valeurs du sport et de l'olympisme peuvent contribuer à construire un monde meilleur.

Quand on parle « olympisme », rien ne serait pire que de rester superficiel, tant ce concept d'universalisme est tout sauf désuet au regard du désordre mondial et des tensions qui s'en dégagent.

Je crois profondément que l'accueil d'un tel événement est porteur d'espoir, de mobilisation, de consensus autour de valeurs fondamentales pour la cohésion d'un pays. Certains grincheux me rétorqueront que tout cela est bien cher et bien éphémère… Ils en oublient la puissance de la dynamique enclenchée, la lueur de joie dans le regard des jeunes – et des moins jeunes – qui invitent une nation à se dépasser et à offrir le meilleur d'elle-même.

Alors, soyez toutes et tous au rendez-vous de l'été 2024 avec votre ferveur, votre engagement, vos encouragements vers celles et ceux qui, autour de Tony Estanguet, s'emploient à vous offrir un moment inoubliable.

Jean-François LAMOUR

Ancien ministre de la Jeunesse,
des Sports et de la Vie associative (2002-2007),
champion olympique d'escrime en 1984 et 1988

1

L'esprit de Lima

Lima, 13 septembre 2017. Convention Center. 131e session du Comité international olympique (CIO). Grand oral pour les villes candidates à l'organisation des Jeux olympiques et paralympiques de 2024 et 2028.

La France était belle ce matin-là. Elle avait de la gueule. Elle apparut unie, déterminée et convaincante. Elle fut aussi rigoureuse que généreuse. Face aux membres du CIO rassemblés, la délégation française enchaîna les interventions comme dans un ballet. La prestation fut rythmée et emballante. La chorégraphie avait été minutieusement préparée les jours précédents. Preuve que l'enthousiasme n'interdit en rien le professionnalisme.

Chaque intervenant sut être à la fois juste et dynamique. Chacun passa le relais à l'autre avec précision et émotion. Quoi de mieux pour obtenir les Jeux olympiques et paralympiques (JOP) que de mettre en avant un esprit d'équipe ? Ce jour-là, la France s'affichait en symbiose. Elle exprimait l'unité qu'elle sait retrouver dans les moments importants.

À treize heures de vol de la métropole, les représentants de Paris 2024 n'oublièrent pas qu'ils étaient nos ambassadeurs. Les plénipotentiaires de la patrie de Pierre de Coubertin, mais aussi des créateurs français, qu'ils soient couturiers, pâtissiers ou ingénieurs. D'un génie français qu'ils surent mettre en scène et porter avec conviction et chaleur.

Fraîchement nommé par Valérie Pécresse, à l'été 2017, délégué spécial de la Région Île-de-France en charge des Jeux olympiques et paralympiques, je faisais partie du voyage. Assis au sein de la délégation française, dans la salle plénière du Centre des conventions de la capitale péruvienne, j'ai observé avec attention et émotion la prestation de nos sept intervenants : Denis Masseglia, président du CNOSF[1] ; Youssef Halaoua, collaborateur du comité de candidature Paris 2024 ; Valérie Pécresse, présidente de la Région Île-de-France ; Nantenin Keïta, championne du 400 mètres aux Jeux paralympiques de Rio 2016 ; Guy Drut, membre du CIO et ancien champion olympique du 110 mètres haies ; Laura Flessel, ministre des Sports ; Anne Hidalgo, maire de Paris ; et Tony Estanguet, coprésident du comité de candidature.

Aux côtés de figures historiques et emblématiques du sport français comme Teddy Riner, Marie-Jo Pérec, Jean-François Lamour, David Douillet, Alain Bernard, Jean-Christophe Rolland[2] et bien d'autres, sans oublier Bernard Lapasset, coprésident de Paris 2024, Patrick Ollier, président de la Métropole du Grand Paris, Stéphane Troussel, président du conseil départemental de Seine-Saint-Denis, Patrick Braouezec, à l'époque président de Plaine Commune, Sophie Cluzel, secrétaire d'État chargée des Personnes handicapées, Jean-François Martins, adjoint à la maire de Paris, Patrick Karam, vice-président de la Région, Dominique Tian, représentant la ville de Marseille, Renaud Muselier, président de la Région Paca, Étienne Thobois, directeur général de la candidature de Paris 2024, j'ai vécu intensément ce moment de fierté française. Je l'ai savouré.

Le syndrome de Singapour

Je peux témoigner que la politique politicienne était restée à Paris. Les politicailleries aussi. Les leçons des échecs précédents pour accueillir les Jeux en 1992, 2008 et 2012 avaient été retenues. À commencer par le cuisant revers de Singapour en 2005. Souvenez-vous de Sebastian Coe saluant, en gentleman triomphateur, un Bertrand Delanoë sonné par le vote du CIO : cinquante-quatre pour London 2012, cinquante pour Paris 2012. « En cinq secondes nous connûmes trois sentiments : la stupeur, la colère et le découragement[3] », raconte, seize ans plus tard, Patrick Braouezec, qui fut engagé dans toutes les candidatures de Paris jusqu'au sacre de Lima. À Singapour, la délégation française était arrivée sûre d'elle-même alors que le résultat n'était en rien acquis. À Lima, les représentants français restèrent humbles tout en sachant le résultat établi, suite à la proposition du CIO à Lausanne, le 11 juillet précédent, invitant à une double désignation pour 2024 et 2028.

À Singapour, la France s'exprima en français. À Lima, nos orateurs recoururent à six langues. À Singapour, à côté du tandem Delanoë-Lagardère, à tort ou à raison, les sportifs s'étaient sentis exclus. Ce ressenti fut sans doute fatal à Paris 2012. À Lima, la fusion fut parfaite entre les responsables politiques et les sportifs. À Singapour, les Anglais avaient choisi, en la personne de Sebastian Coe, un leader double champion olympique du 1 500 mètres. « Entre un politique aussi brillant soit-il et une icône de l'olympisme comme Sebastian Coe, il n'y avait pas photo[4] », dira Guy Drut.

Douze ans plus tard, on sut retenir la leçon du leadership. À Lima, le comité de candidature de Paris avait pour guide Tony Estanguet, triple champion olympique de canoë, seul sportif français à avoir gagné, dans la même épreuve, trois médailles d'or au cours de trois Jeux différents. Un monstre sacré !

À Singapour, le film de présentation, réalisé par Luc Besson, sentait la naphtaline du Paris d'Amélie Poulain. Un Paris certes que nous aimons mais qui ne fait pas rêver le village planétaire qu'incarne le CIO. À Lima, le film principal était centré sur les sites de compétition, les sportifs et la vision entre le cœur de Paris et le développement de la Seine-Saint-Denis. En 2005, Besson faisait apparaître l'éblouissante Catherine Deneuve. En 2017, le réalisateur donna la parole à la boxeuse Sarah Ourahmoune et au tennisman paralympique Michaël Jeremiasz. Souvent, au cinéma, le choix des acteurs est déterminant. Ce fut le cas à Lima.

Une présentation parfaite

Cet « entretien d'embauche », pour reprendre l'expression du regretté Jacques Rogge[5], alors président d'honneur du CIO, se déroula en vingt-cinq minutes pour chaque délégation. Celle de Paris comme celle de Los Angeles rejoignirent la scène. Chacun eut droit à une accolade de Thomas Bach, le *big boss* du CIO. Sur l'estrade, les Parisiens furent placés à gauche, les *Angelenos* à droite.

Habillée par Kenzo, l'équipe de Paris 2024 ne faisait pas offense au chic français : costume bleu marine, chemise blanche, cravate et pochette rouge bordeaux avec un imprimé discret bleu marine « Paris » pour les messieurs ; robe blanc cassé avec des plis rouges et un foulard rouge identique avec « Paris » imprimé en caractère plus visible pour les dames. Côté californien, costume similaire, cravate noire pour les gentlemen, robe rose bonbon pour les ladies.

Les Français tirèrent les premiers. Une capsule vidéo présenta d'abord Paris en vingt-quatre mots français ou anglais, parmi lesquels « *green*, histoire, *fashion*, lumière, *surprising*, amour, *open*… », sans omettre le fameux « Ici c'est Paris » par Neymar, pour finir par « unique ». C'est au nom de cette unicité de Paris mais aussi de la singularité de la France que nos orateurs s'adressèrent aux quatre-vingt-quatre votants du CIO présents et à travers eux au monde entier. Dans son intervention, chacun prit soin de montrer l'envie de Paris 2024 de s'ouvrir à toute la planète et de l'accueillir.

Denis Masseglia, infatigable pilier de la candidature française, ouvrit le bal en rajoutant un vingt-cinquième mot, « merci », au nom des fédérations, des clubs et des bénévoles qui sont l'âme du sport. Après avoir « checké » avec le patron du mouvement sportif français, Youssef Halaoua, jeune salarié de l'équipe de Paris 2024, se présenta en anglais et en arabe puis séduisit, dans la langue de Shakespeare, l'auditoire en mettant en exergue sa double culture, symbole d'ouverture à l'esprit des JOP. Valérie Pécresse dit un mot en japonais et parla en anglais, pour évoquer les sites olympiques et les grandes capacités d'accueil de l'Île-de-France, première destination au monde.

Quant à Nantenin Keïta, née albinos, malvoyante, athlète paralympique, elle électrisa la salle en rappelant qu'« aux Jeux la différence est une force ». Guy Drut, après un mot en russe, fort de sa triple légitimité de champion olympique, d'ancien ministre et de membre du CIO, mentionna l'engagement de la France aux côtés de l'olympisme et des athlètes. Par un clin d'œil à l'Histoire, il nous remémora les Jeux de Paris 1924, qui construisirent le premier village olympique pour les participants.

Son statut de sage du sport français l'autorisa à lancer la vidéo de 2'30 d'Emmanuel Macron. Le président de la République affirma « l'engagement complet de tout un pays derrière les Jeux » en appuyant sur le fait que « défendre les valeurs de l'olympisme, c'est aussi œuvrer pour plus d'équilibre, plus de multiculturalisme, pour une société plus inclusive, plus durable ».

Laura Flessel, qui par la suite se montra peu à l'aise dans son rôle de ministre des Sports, fit un sans-faute. Elle insista sur la « nécessité de mettre le sport au cœur de notre projet de société ». Sujet crucial sur lequel je reviendrai, tant il me paraît une condition *sine qua non* à la réussite des Jeux olympiques et paralympiques de 2024. Après « la Guêpe[6] », Anne Hidalgo s'exprima en espagnol, en anglais et pour finir en français. Elle mit en relief, à juste titre, que l'ambition première des Jeux était de transformer la vie des citoyens.

Il ne resta plus qu'à Tony Estanguet, en bon capitaine, de parachever l'œuvre collective. Il s'adressa à Thomas Bach et à l'assemblée en déclarant : « C'est avec humilité, fierté, émotion, l'espoir de tout un pays que je vous soumets la candidature de tout un pays. » Frissons garantis au sein de la délégation française. La messe était dite.

Certes, les esprits chagrins pourront rappeler que la direction du CIO avait déjà donné sa bénédiction en proposant un accord « *win-win-win* ». Gagnant pour le CIO, gagnant pour une ville en obtenant les Jeux pour 2024 et gagnant pour une autre en ayant les Jeux de 2028. Ironie de l'Histoire, un tel accord avait été déjà conclu en 1921 pour désigner les villes hôtes des Jeux de 1924 (à Paris) et ceux de 1928 (à Amsterdam). *Bis repetita* donc pour Paris.

À Lima, l'objectif était de faire entériner cet accord par les membres du CIO. Ce n'était donc pas un rendez-vous anodin. Les Français, comme les Américains, le préparèrent avec sérieux, par respect autant des votants que du monde sportif, par exigence à l'égard du pays qu'ils avaient l'honneur de représenter, et pour faire la démonstration, aux yeux de tous, que leur projet olympique était crédible.

La partie de poker menteur

À ce jeu-là, Paris avait un temps d'avance sur Los Angeles. Il n'est pas faire injure à la délégation californienne de le dire. Après les retraits successifs de Boston (2015), Hambourg (2015), Rome (2016) et Budapest (2017), seuls Paris et Los Angeles restaient en lice, en février 2017, pour l'organisation des JOP de 2024. En mars 2017, conscient de la difficulté à laisser sur le carreau un des pays importants de l'histoire de l'olympisme, et de la crise de vocation, à venir, des villes candidates, Thomas Bach mit en place un groupe de travail pour envisager une double attribution, à l'un 2024 et à l'autre 2028.

Début avril, lors de la convention SportAccord, à Aarhus, au Danemark, les échanges informels s'intensifièrent entre les différents acteurs. Parfois de manière sportive, pour rester dans l'euphémisme. Fin mai 2017, un rendez-vous confidentiel fut organisé, selon une révélation du journal *L'Équipe*[7] : « Tony Estanguet et Étienne Thobois, coprésident et directeur général de la candidature parisienne, y retrouvent leurs homologues [dans un hôtel proche de l'aéroport JFK à New York] *angelenos* Casey Wasserman et Gene Sykes. Un rendez-vous express, classé top secret, à mi-chemin entre les deux villes. Sans témoin ni représentant du CIO. Au cœur du feu, le principe acté d'une double attribution simultanée des Jeux de 2024 et 2028. Sous le sapin olympique, il n'y a plus un paquet pour deux candidats, Paris et Los Angeles. Mais deux paquets. Seulement, qui ouvrira lequel ? Pendant près de deux heures, les duos se jaugent et exposent chacun leurs arguments. Entre deux vérités se glisse une part de bluff. Les Français ne jurent que par 2024, au risque de paraître complètement butés ; les Américains s'accrochent aussi à la première date mais pèsent l'intérêt financier de patienter. En remontant dans l'avion, Estanguet et Thobois ont la sensation que la partie est bien engagée pour Paris 2024. Mais ils restent aux aguets. »

S'engagea alors une partie de poker menteur. Los Angeles et Paris campèrent sur leurs positions : 2024, rien que 2024. À cela s'ajouta que la Commission d'évaluation du CIO, au mois de mai, après visite des sites et étude des deux projets, se refusa à classer les deux villes. Sans doute par calcul et sens diplomatique, le CIO ne voulut froisser personne à ce stade.

Plusieurs éléments jouèrent, par la suite, en faveur de Paris. D'abord le poids de l'Histoire. Il aurait été en effet difficile au CIO de faire un quatrième « affront » à une candidature parisienne. De même, il aurait été de mauvais goût, cent ans après les Jeux de 1924, de refuser à la terre natale de Pierre de Coubertin de fêter leur centenaire. Los Angeles avait organisé les Jeux en 1984, elle pouvait attendre quatre ans de plus. Difficilement imaginable pour Paris. N'oublions pas également que le français est une langue officielle des Jeux olympiques. Les Jeux constituent un événement essentiel dans le soutien à la francophonie. Autre élément, non négligeable : après Rio 2016 et Tokyo 2020, il semblait plus logique d'accorder les JOP au continent européen.

Ensuite, à partir de mai 2017, les certitudes de Los Angeles commencèrent à vaciller face à la détermination française et à la solidité du projet plus abouti de Paris, notamment en termes d'héritage, de compacité des sites et d'accueil des athlètes. Enfin, la crédibilité d'une candidature française extrêmement soudée fut renforcée par le déplacement d'Emmanuel Macron au siège du CIO, à Lausanne, en juillet 2017, plutôt qu'à Lima trois mois plus tard. « Quelques mois après son élection, le président de la République a pu porter l'estocade. Avec lui et toute l'équipe, on a planté le piquet au sommet[8] », rappelle Thierry Rey.

Fort de ces différents constats, le CIO demanda, le 11 juillet, aux deux villes de trouver un accord. Le 31 juillet, Los Angeles annonça sa candidature pour les JOP de 2028. Eric Garcetti, maire de Los Angeles, déclara pour justifier sa décision auprès de ses habitants-électeurs : « Pour faire simple, l'accord que nous avons négocié est tellement favorable qu'il était impossible de refuser[9]. » En coulisse, le CIO finalisa l'accord en incluant une subvention de 1,7 milliard de dollars pour Los Angeles – onze ans de préparation à venir – et 1,1 milliard pour Paris avec sept ans de travail en perspective. La somme allouée par le CIO à Paris 2024 sera d'ailleurs revue à la hausse après l'adoption de quatre sports additionnels et pour renforcer le volet environnemental de l'héritage.

Lima fut donc la concrétisation d'un long processus. La candidature de Paris prenait sa source dans de nombreuses expériences passées. Singapour fut certes un traumatisme. Il explique les hésitations bien compréhensibles d'Anne Hidalgo[10] au début de la candidature lancée par le mouvement sportif[11], présidé par Denis Masseglia, et soutenue par François Hollande dès les Jeux de Londres de 2012. Le rôle du président Hollande fut pionnier dans ce projet. Il y eut d'ailleurs, entre 2012 et 2014, une différence d'approche dans la gestion du temps entre la maire de Paris et le président de la République. Toutefois, de nos échecs, nous avons su faire une force. Comme le disait Nelson Mandela : « Je ne perds jamais, soit je gagne, soit j'apprends… » À Singapour, nous avons appris. À Lima, nous avons gagné.

Autour d'Eric Garcetti, Casey Wasserman, président du comité de candidature, Larry Probst et Angela Ruggiero, membres américains du CIO, Janet Evans, triple championne olympique de nage libre – 400, 800 et 1 500 mètres – aux Jeux de Séoul, d'Allyson Felix, détentrice de six médailles olympiques en athlétisme, et de Scott Blackburn, directeur général du comité olympique américain, la délégation US, dans un style plus décontracté, fit une présentation dynamique et professionnelle.

Mais, pardon de le dire – au risque de faire un peu trop cocorico –, la présentation de Los Angeles était un ton au-dessous. À l'image de leur projet olympique, moins achevé que celui de Paris, en particulier en matière de transports, de distance pour les compétiteurs et d'héritage. Cela s'est ressenti dans l'assistance.

Thomas Bach déclarera de manière diplomatique dans une interview au lendemain de la décision de Lima que « pour Los Angeles, il était peut-être plus facile de s'orienter vers 2028 car ils ont déjà toutes les installations en place et ils en auront encore plus en ce qui concerne les transports[12] ». « S'il y avait eu un vote, Paris l'aurait sans doute emporté[13] », écrira Jérôme Cazadieu, directeur du journal *L'Équipe*, dans son édito du lendemain.

Les Américains, qui n'ont pas la réputation d'être des enfants de chœur dans les confrontations internationales, l'avaient bien compris. En outre, s'ils avaient pris le risque de refuser ce pacte avec le CIO et Paris, ils auraient dû représenter leur candidature devant le comité olympique américain pour espérer une future organisation des Jeux. Rien ne dit que ledit comité aurait à nouveau sélectionné Los Angeles. Durant l'été 2017, cela a joué dans leur prise de décision. C'est pour ces différentes raisons qu'ils ont accepté l'accord « *win-win-win* ».

Enfin la victoire

Peu avant 12 h 47, heure locale, 19 h 47, heure de Paris, ce 13 septembre 2017, Thomas Bach demanda aux membres du CIO : « Approuvez-vous l'accord tripartite conclu entre le CIO, Paris et Los Angeles ? » À l'unanimité, par un vote à main levée, la réponse fut oui. Une standing ovation s'ensuivit.

« Enfin », titra *L'Équipe* le lendemain. Cent ans après la France allait de nouveau accueillir les Jeux d'été. Après 1900 et 1924, pour la troisième fois, elle recevra l'élite sportive. « Quand la France est ambitieuse, quand elle réunit toutes ses ressources, on peut accomplir de grandes choses[14] », résumera Tony Estanguet.

Quelques heures plus tard, une soirée se déroula autour d'un cocktail chez Astrid et Gaston, restaurant gastronomique de Lima. Autour des préparations d'Alain Ducasse et du chef péruvien Gaston Acurio, elle fut chaleureuse mais sans signe ostentatoire de richesse. Guy Drut poussa la chansonnette. L'engagement de ce dernier avait été important dans l'obtention des Jeux. Teddy Riner anima, avec un certain talent, la soirée. L'occasion d'inviter les membres du CIO et la délégation de Los Angeles dans un moment d'amitié propre aux valeurs de l'olympisme. Clin d'œil de l'Histoire, Sebastian Coe passa partager « *a French moment of friendship* ».

Le lendemain, des esprits grincheux reprochèrent la tenue de cette soirée. À les entendre, il n'était pas de bon ton de prendre une coupe de champagne après cent ans d'attente. À les écouter, il ne fallait pas fêter ce succès français. À les lire, il ne fallait pas remercier les partenaires qui avaient financé la phase de candidature comme AccorHôtels, Engie, Bouygues, ADP, Vivendi, LVMH, Orange… À les comprendre, il était malvenu de remercier, autour d'un verre et de petits canapés, les collaborateurs qui avaient travaillé d'arrache-pied durant deux ans.

À l'image des délégués de Paris 2024 qui ont obtenu, au pays des Incas, plus que le Graal olympique, ils ont rapporté à « la maison » une aventure collective pour sept ans. Dans un pays qui a l'art de se diviser, souvent pour des raisons obscures, voir des élus de tous bords travailler ensemble à un projet commun, n'est-ce pas réjouissant ? Les plus optimistes parleront de miracle olympique. Les pessimistes, nombreux dans la patrie de Houellebecq, évoqueront le mirage olympique.

Dans une France fracturée devenue un « archipel français[15] » n'est-il pas enthousiasmant de vouloir rassembler et mobiliser nos compatriotes autour des valeurs de l'olympisme ? Dans une époque qui cède quotidiennement aux sirènes de l'immédiateté et de l'individualisme, n'est-ce pas énergisant d'avoir un projet collectif ? Dans un temps où chaque nation doit relever les défis liés à la mondialisation, aux enjeux climatiques, à la révolution digitale, n'est-ce pas un avantage, pour un pays, d'accueillir le monde entier afin de lui faire partager ses valeurs, ses innovations et ses talents ? Sur une planète en danger, n'est-il pas positif de promouvoir un projet porteur d'espérance, pour un monde meilleur ?

Répondre à ces questions, c'est comprendre que l'organisation des JOP ne se limite pas à la confrontation d'athlètes hors norme. C'est saisir la substantifique moelle des Jeux. Un mélange d'émotion, d'aménagement du territoire, d'investissement, d'innovation, d'accélération des politiques publiques, de partage de valeurs, de joies populaires… Pour résumer, une somme de progrès si le pays organisateur veut bien donner du sens à l'ordonnance des choses et s'unir autour du projet olympique.

Dans cet esprit, le storytelling de Lima fut une réussite. Il donna le *la*. On ne peut comprendre l'essence de Paris 2024 si on n'a pas en tête ce qui s'est passé à Lima. Dans la capitale péruvienne, en ce mois de septembre, la France assuma sa diversité, dépassa les clivages et se transcenda pour donner le meilleur d'elle-même. C'est ce qui a donné naissance à l'esprit de Lima. À Lima, comme à Lausanne quelques semaines plus tôt, Emmanuel Macron, Valérie Pécresse et Anne Hidalgo parlèrent à l'unisson.

Cinq ans après Lima, cet état d'esprit est-il toujours là ? Parfois il s'estompe au gré du calendrier électoral. En dehors de quelques extrêmes, chacun prend cependant bien soin de ne pas mêler les Jeux aux débats électoraux. Garantir cet esprit de Lima est vital pour la réussite des Jeux.

Lima n'était pas la fin de l'aventure. Elle en est le début. L'acte fondateur. Formons d'ailleurs le vœu que cette intelligence de Lima puisse servir d'exemple pour changer la politique et pour bâtir une démocratie française moins manichéenne dans ses confrontations et plus apaisée dans ses débats. Il n'y aura pas de réussite des JOP sans union sacrée sur le projet.

2

Une gouvernance complexe

18 janvier 2018. Siège du CNOSF. 1, avenue Pierre-de-Coubertin, Paris XIIIe. Dernier conseil d'administration du GIP Paris 2024.

Autour de la table étaient réunis les *fondateurs* de Paris 2024 : Bernard Lapasset, Tony Estanguet, Guy Drut, Anne Hidalgo, Denis Masseglia… L'objectif du jour fut de fermer le GIP Paris 2024 et d'ouvrir le Comité d'organisation des Jeux olympiques et paralympiques de Paris 2024 (Cojop).

Si les acteurs des Jeux, dans leurs prises de parole, oublient peu le « P » pour dire JOP et non JO, en revanche ils évoquent souvent le Cojo plutôt que le Cojop. Ce raccourci est dû au fait que le Cojop est lié au CIO – pour organiser les Jeux olympiques –, qui lui-même a un accord avec le CIP[1] pour agencer les Jeux paralympiques. Le diable se nichant dans les détails, nous nous astreindrons à écrire Cojop. L'engagement pour le paralympisme s'exprime aussi dans les symboles de l'expression.

Lors de ce dernier conseil d'administration, un liquidateur fut nommé et le budget de liquidation approuvé. Une conférence de presse s'ensuivit pour annoncer l'heureux événement. Pour un non-initié, cela peut paraître anodin – voire du charabia juridico-administratif – mais, dans les faits, cela marqua le passage d'une ville candidate à une ville hôte. Cette étape était obligatoire afin de respecter le contrat de ville hôte avec le CIO. La création du Cojop est consubstantielle à l'organisation des JOP. Chaque édition des Jeux a son Cojop. Après l'olympiade, il devra être dissous.

Pour mieux comprendre, rembobinons le film. Paris a officialisé sa candidature au siège du CNOSF le 23 juin 2015. Elle sera déposée le 15 septembre au CIO. L'institution de Lausanne confirmera son enregistrement le 16 octobre suivant. Pour y arriver, il fallut s'organiser.

On créa ainsi, dans un premier temps, une association, Ambition olympique, afin de donner un lieu d'échange aux différents acteurs, structurer la candidature, organiser la communication, récolter les premiers fonds. Au lendemain de l'officialisation par le CIO, il a été nécessaire de passer à une étape supérieure en créant un groupement d'intérêt public (GIP). Un décret fut publié le 15 décembre 2015, pour mettre sur orbite le GIP Paris 2024. Ce dernier regroupait des acteurs publics – État, Ville de Paris, Région Île-de-France – et le mouvement sportif (CNOSF et CPSF[2]). Guy Drut, en sa qualité de membre du CIO, y fut associé. Bernard Lapasset et Tony Estanguet en assurèrent la coprésidence. Ce GIP eut pour principales missions de rédiger le dossier de candidature, d'agencer un lobbying mondial, d'être l'interlocuteur des responsables publics concernés, de communiquer autour du projet olympique et paralympique de la Ville Lumière. Chaque membre apporta sa contribution financière[3].

Des entreprises contribuèrent également à la mise en œuvre du GIP. Un cercle des partenaires[4] fut d'ailleurs lancé en mai 2016 en amont des Jeux de Rio. Durant deux ans, le GIP fut le cœur de Paris 2024. Fort d'un budget de 60 millions d'euros, il permit à son équipe de faire campagne à travers le monde, de bâtir un projet olympique et paralympique digne du XXIe siècle, en prenant en compte les impératifs environnementaux, inclusifs et économiques. Nous y reviendrons.

Autour d'une *team* à l'esprit commando, comprenant une cinquantaine de collaborateurs, le GIP accomplit sa mission jusqu'au succès de Lima. Certains de ses collaborateurs, aux côtés d'Étienne Thobois, directeur général, constituèrent, par la suite, l'ossature du futur Cojop : Michaël Aloïsio comme directeur de cabinet, Anthony Piqueras, en charge des infrastructures, Sophie Lorant, relations internationales, Jean-Philippe Gatien[5], responsable sports et Marie Barsacq, directrice de l'héritage. Pour les avoir côtoyés durant quatre ans, j'ai pu noter que tous ont en commun d'associer la rigueur à la passion des Jeux.

L'architecture organisationnelle

Au lendemain de la dissolution du GIP se mit en place, de manière à la fois complexe et simple, l'architecture organisationnelle des JOP.

Complexe, parce que le nombre d'acteurs engagés dans les Jeux est important. Simple puisque, conformément au contrat de ville hôte[6] – entre le CIO, la Ville de Paris et le CNOSF –, l'organisation des Jeux était confiée aux Cojop, CIO et CIP. Ce qui fut confirmé par la loi olympique du 26 mars 2018[7], texte législatif que le Parlement adopta pour fixer le cadre de l'organisation des JOP dans notre pays. Il s'articule autour de quatre axes : le respect du contrat de ville hôte ; les dispositions spécifiques aux JOP en matière d'aménagement, d'urbanisme, d'environnement, de logement et de transport ; l'agencement de la sécurité et l'éthique des Jeux.

Tout en n'étant pas une loi d'exception, elle se veut facilitatrice pour prendre en compte les particularités d'un tel événement, en lien notamment avec le Code de l'urbanisme, le droit de propriété ou encore le Code de l'expropriation. Elle se veut également porteuse de mesures concrètes, comme l'obligation faite aux bateaux ou établissements flottant le long de la Seine de se raccorder aux réseaux publics des eaux usées[8] dans l'optique de rendre le fleuve « baignable » en 2024. Elle est, enfin, un texte exigeant pour faire de Paris 2024 des Jeux éthiques, transparents et exemplaires.

En parallèle de ce cadre législatif, le Cojop naquit donc le 20 janvier[9] – jour de la publication au *Journal officiel* – avec les statuts d'une association loi de 1901, un budget initial de 3,8 milliards d'euros, quelques dizaines de collaborateurs au départ, près de sept cents en fin d'année 2021, plus de quatre mille au moment des Jeux. Leur nombre variera en fonction du recours ou non à des prestataires pour certaines missions. Le mandat du Cojop est de livrer les JOP. Il est de préparer les Jeux de Paris 2024 afin d'organiser les compétitions, d'accueillir la famille olympique, les médias et bien sûr les trois millions de spectateurs prévus.

Il est présidé par Tony Estanguet. Il a pour président d'honneur Bernard Lapasset[10], ancien patron du rugby mondial, homme exquis alliant élégance et compétence, à qui le projet de Paris 2024 doit tant. Son carnet d'adresses au sein de la planète sport fut bien utile pour mettre en place une stratégie d'alliance efficace. Cheville ouvrière mais aussi stratège de la candidature, il eut la volonté de mettre progressivement Tony Estanguet aux commandes du paquebot Paris 2024.

Le Cojop est bien le navire amiral de l'organisation des Jeux mais il évolue au sein d'une flotte complexe composée de plusieurs bâtiments et de nombreux esquifs. Dans les faits, ce n'est pas moins de quarante entités[11], sans compter les entreprises partenaires actuelles et à venir de Paris 2024, qui interagissent dans l'organisation des Jeux. L'objectif, c'est que tous aillent dans la même direction. Le but c'est que tous arrivent à bon port en 2024.

Vu de loin, cet écosystème peut apparaître comme « léonin », pour reprendre un rapport parlementaire[12]. Vu de près, il invite à manier l'art de la synthèse et du compromis. Aucun acteur de Paris 2024 ne peut agir seul. Paris 2024 est « un système unique », dixit Jean-François Lamour[13].

Quel est le biotope des Jeux ? Tordons le cou à quelques contre-vérités ou *fake news* sur qui fait quoi pour les JOP. Non, l'État ne les organise pas même si, sans son action, la France ne pourrait les accueillir. Non, ce n'est pas la maire de Paris qui décide de tout mais, sans son plein engagement, la capitale n'aurait pu être ville hôte. Non, ce n'est pas non plus le ministère des

Sports qui pilote le projet. Toutefois, il est un acteur décisif de la réussite des JOP. En fait, tout est subtil. Chacun a sa feuille de route.

Trois acteurs décisionnaires

Trois entités doivent s'emboîter comme une tour de Lego : le Cojop, la Solideo et la Dijop. Il en va de la réussite de cet événement planétaire.

Le premier, au regard de ses missions évoquées, va mettre tout en œuvre pour accueillir – du 26 juillet au 11 août et du 28 août au 8 septembre[14] 2024 – avec soin et ferveur les délégations olympiques de 206 nations prévues – 182 paralympiques – pour ces Jeux. Il aura à charge d'organiser 329 épreuves olympiques et 540 paralympiques. Celles-ci incarnent les 48 disciplines olympiques[15] et les 23 paralympiques. Elles se dérouleront sur 39 sites de compétition, et sur 18 pour les Jeux paralympiques. L'obsession du Cojop sera d'offrir les meilleures conditions pour exprimer leur « art » à 10 500 athlètes olympiques et à 4 350 paralympiques en quête de record, de médailles et de gloire.

Il fera de même avec les 25 000 journalistes présents qui auront pour impératif d'expliquer au reste du monde l'organisation française, de retranscrire l'ambiance et de narrer les exploits de champions venus des cinq continents. Ces médias ne manqueront pas de scruter notre pays, de l'analyser, de le critiquer mais aussi – espérons-le – d'en raconter les qualités et les réussites. Il sera de sa responsabilité de gérer l'aménagement des structures non pérennes des sites, comme la piscine pour les épreuves de natation à Paris La Défense Arena.

À ses missions organisationnelles s'ajoutent celles de gérer de A à Z le programme marketing et la billetterie, deux éléments fondamentaux pour le financement de ce rendez-vous quadriennal. De manière opérationnelle, le Cojop gère ces différentes actions. Mais l'équipe autour de Tony Estanguet n'agit pas seule. Elle doit rendre compte en permanence au CIO et aux différentes parties prenantes des JOP (acteurs de la puissance publique et du mouvement sportif).

Avec le CIO, le Cojop entretient des liens permanents, voire quotidiens. Sous l'autorité de Thomas Bach, le *big boss* des Jeux au sein du comité international, est le Suisse Christophe Dubi. Actuel directeur exécutif des JO, homme charmant, sportif accompli dans différentes disciplines, très à l'écoute des acteurs du pays hôte, il valide les décisions stratégiques du Cojop. En sa présence, une fois l'an – deux fois par an après le début de l'olympiade[16] – se réunit, à Paris généralement ou sur un site olympique[17], la commission de coordination des JOP de Paris 2024 (Cocom dans le jargon olympique)[18], présidée par le Belge Pierre-Olivier Beckers.

Ce dernier, baron de son état, lui aussi sportif complet, manager reconnu dans son pays, sait allier élégance, attention vis-à-vis de ses interlocuteurs et exigence. Cette commission est composée de membres du CIO et de représentants des athlètes, des fédérations internationales, des comités olympiques nationaux et d'experts. Pour mémoire, Jean-François Lamour fut membre de la Cocom pour Athènes 2004. Guy Drut participa à celle de Tokyo 2020.

Cette Cocom organise son travail autour de trois missions : suivre les avancées du Cojop, inspecter les futures installations olympiques et rendre compte à la commission exécutive du CIO. Au lendemain des JOP, elle rédigera un rapport-bilan qu'elle présentera à cette même instance.

Concernant les parties prenantes, le Cojop a instauré des liens collectifs avec toutes, et individuels avec chacune d'entre elles. Le conseil d'administration du Cojop est le lieu de convergence entre tous. Le premier a eu lieu le 2 mars 2018. Plusieurs fois par an, ce conseil se réunit pour faire un point sur l'avancement des projets : financement, choix des sports additionnels, choix des sites, relation avec le CIO, héritage, action de mobilisation, programmes divers, engagement, calendrier… Ce conseil regroupe des représentants du mouvement sportif, ceux de la puissance publique et des personnalités qualifiées[19]. Il peut être un lieu de débat. La parole y est libre, mais en général tout est fait pour déminer en amont les sujets délicats.

Chaque conseil est préparé dans le cadre du comité des parties prenantes avec le cabinet du président et le responsable des relations institutionnelles du Cojop. Pour approfondir des points spécifiques, des bilatérales mensuelles ont lieu entre chaque acteur et la direction du Cojop. Afin de faire avancer les dossiers et mettre en place les actions adéquates, chaque entité dispose d'une *task force* dédiée aux JOP : réduite pour la Région Île-de-France, la Métropole du Grand Paris et le département de Seine-Saint-Denis, imposante pour la Ville de Paris. Le dialogue se doit d'être permanent entre ces équipes et celle du Cojop.

En qualité de délégué de la Région Île-de-France, j'avais plusieurs échanges par semaine avec différents cadres du Comité d'organisation. Mes interlocuteurs ont toujours été attentifs. Il y a pu avoir des tensions. Elles sont inévitables, vu les enjeux et le nombre d'acteurs. Mais l'ambition olympique invite chacun au respect et à la cordialité.

Lors du conseil d'administration, on assiste d'ailleurs à des rapprochements baroques, comme l'illustre la complicité des représentants des partenaires sociaux avec d'un côté Bernard Thibault, ancien secrétaire général de la CGT, et de l'autre Geoffroy Roux de Bézieux, actuel patron du Medef. Ils forment, avec humour, un duo parfaitement rodé, avec pour ambition commune la réussite économique et sociale du projet olympique.

De même, comme représentant de la Région, il m'est arrivé de partager avec Anne Hidalgo des points de convergence sur la vision politique des Jeux. Je ne peux pourtant être suspecté de la soutenir politiquement, ayant été un opposant à sa politique municipale. C'est « l'effet prodige » de l'olympisme. Il est surtout la preuve qu'au sein du conseil d'administration du Cojop l'intérêt général peut l'emporter sur les intérêts partisans.

La Solideo, la bâtisseuse des Jeux

Cette volonté d'avancer ensemble se retrouve également au sein de la Société de livraison des ouvrages olympiques (Solideo), établissement public créé au lendemain de Lima, *via* un décret en date du 27 décembre 2017, qui a pour but de livrer l'ensemble des infrastructures nécessaires aux Jeux avant le 31 décembre 2023. On peut d'ailleurs voir sur le site de la Solideo le compte à rebours pour rappeler à chacun la date fatidique de livraison.

Cet établissement est présidé par la maire de Paris. Il est sous la tutelle conjointe de trois ministères : Cohésion des territoires et des relations avec les territoires, Sports, et Comptes publics (Budget). Il est dirigé, sur le plan opérationnel, par Nicolas Ferrand, son directeur général, polytechnicien, ingénieur des ponts, ayant le service de l'État chevillé au corps. Il possède une équipe de plus de cent trente collaborateurs mobilisés pour réussir ce pari fou de livrer autant d'ouvrages en un temps record. Il dispose d'un budget de 1,55 milliard d'euros de financement public auquel s'ajoutent près de 2 milliards d'engagements privés, pour réaliser un programme contenant 63 chantiers nécessaires à la bonne organisation des Jeux.

Ces travaux sont divers. Ils concernent un nombre important de rénovations d'infrastructures – Stade de France, stade Yves-du-Manoir, stade Pierre-de-Coubertin, la marina du Roucas Blanc à Marseille… –, des constructions – Centre aquatique olympique ou le village olympique à Saint-Denis, Arena II porte de la Chapelle – et des travaux d'aménagement importants, indispensables pour les flux de circulation et la sécurité des JOP, mais aussi, on le verra, en termes d'héritage – base avancée de la préfecture de police, échangeur Pleyel sur l'A86, franchissement entre le quartier des Francs-Moisins, à Saint-Denis, et le Stade de France. Pour certaines réalisations comme le village olympique – hors la construction de logements et bureaux – et le site de la colline d'Élancourt où se dérouleront les épreuves de VTT, la Solideo est directement maître d'ouvrage.

Pour mener à bien ces différents travaux, on compte vingt-neuf maîtres d'ouvrage et treize cofinanceurs. Ils sont tous coordonnés et contrôlés par la Solideo. Sa première mission consiste à superviser maîtres d'ouvrage et maîtres d'œuvre. À celle-ci s'ajoutent deux autres missions : une d'aménageur du territoire et l'autre portant sur la recherche de financements privés complémentaires à l'apport public.

La tâche de la Solideo et de ses équipes est donc immense. Le directeur général de cet établissement public résumait bien la situation en écrivant, dans l'édito d'une brochure : « Nous allons réaliser en moins de cinq ans des aménagements et infrastructures que nous aurions mis, en temps normal, quinze ans à réaliser[20]. » La Solideo, c'est un peu Hercule à Olympie. Elle prouve la capacité de nos ingénieurs et de nos entreprises à relever des défis. Elle méritera une première médaille française dans l'aventure de Paris 2024. Le tout dans un cadre contraint : délais, budget, exigence sociale, gouvernance…

En effet, à l'instar du Cojop, la Solideo doit aussi rendre des comptes aux financeurs du programme. Rien de plus normal, au regard des sommes engagées. Comme le Cojop, elle a un conseil d'administration. Le premier s'est tenu le 30 mars 2018. Y siègent dix-neuf représentants de l'État, douze des collectivités locales[21], le président du Cojop, la présidente du CNOSF, la présidente du CPSF, deux élus du personnel et deux personnalités désignées par le Premier ministre pour représenter les partenaires sociaux. De nombreux membres du conseil d'administration du Cojop siègent au sein de celui de la Solideo, ce qui renforce la fluidité de l'information entre tous. Le délégué interministériel aux Jeux olympiques et paralympiques est de ceux-là. Son rôle est crucial.

Le Dijop, le facilitateur des JOP

Il dirige la délégation interministérielle aux Jeux olympiques et paralympiques (Dijop). Cette dernière est la troisième entité du jeu organisationnel de Paris 2024. Elle a été créée dans la foulée de la victoire de Lima[22]. Ses bureaux se situent en l'hôtel de Cassini, qui donne sur le jardin de Matignon. Tout un symbole ! Par essence, elle est au cœur du pouvoir. Par mission également, puisque son premier rôle est de coordonner l'action de l'État et de l'ensemble des administrations concernées par les Jeux. Dans ce cadre, elle supervise la Solideo.

Les Jeux sont, par nature, un sujet interministériel. Pas moins de onze ministères siègent au conseil d'administration du Cojop et/ou à celui de la Solideo. Avec une équipe resserrée, la Dijop[23] doit mettre en musique la partition de l'État sur des sujets aussi divers que l'impact économique, l'héritage, les transports, l'environnement, l'emploi… L'objectif est d'abord d'éviter la cacophonie ministérielle. Ce qui, en ces temps de surcommunication, n'est pas toujours chose aisée.

C'est pourquoi l'exécutif a pris soin de toujours nommer au poste de délégué interministériel un grand serviteur de l'État. Pour l'occuper, on se doit d'avoir plusieurs cordes à son arc : jouir d'une autorité incontestable, être fin connaisseur des rouages administratifs et avoir un goût prononcé pour la diplomatie. Ces trois qualités sont reconnues aux titulaires successifs du poste.

Hier avec Jean Castex, en fonction de septembre 2017 jusqu'à sa nomination à Matignon, aujourd'hui avec Michel Cadot. Les deux avaient l'expérience requise. L'un fut secrétaire général adjoint de l'Élysée sous Nicolas Sarkozy. L'autre fut préfet de police de Paris avant de devenir préfet de la Région Île-de-France. Les deux, dans un registre différent, ont su faire l'unanimité au sein du microcosme de Paris 2024. Les deux disposent d'une autorité naturelle. Le premier l'exprime avec un accent chantant du Sud-Ouest. Le second avec la distinction et l'esprit d'un lord anglais. Les deux font preuve d'habilité. Les deux créent les conditions pour que les réunions de travail – nombreuses[24] – soient agréables et efficaces. Jean Castex savait se rendre toujours disponible auprès des représentants des parties prenantes. Je peux en témoigner. Il en sera de même avec son successeur. Michel Cadot mène cette mission avec courtoisie, diligence et efficacité.

Le premier comme le second savent jouer un rôle de facilitateur pour faire la synthèse entre les exigences des élus, les volontés du mouvement sportif et les approches marketing du Cojop parfois influencées par le CIO. « La politique est l'art de la synthèse », disait de Gaulle. Le Dijop se doit de manier cet art avec dextérité pour trouver un consensus permanent entre le gouvernement, la Région Île-de-France, la Mairie de Paris et l'ensemble des acteurs engagés dans la belle aventure de Paris 2024. Tous veulent la réussite de l'opération, mais tous n'ont pas le même *timing* et des exigences identiques. Le tout dans un contexte électoral qui peut avoir tendance à échauffer les esprits.

Ce sens de la synthèse a été utile pour arrêter le choix des sites, faire des économies, à la suite du rapport des trois inspections[25], et établir un protocole financier afin de réaliser le programme de la Solideo. Comme son prédécesseur, Michel Cadot dirige aussi la délégation interministérielle aux grands événements sportifs (Diges) et préside l'Agence nationale du sport (ANS). Ce qui fait de lui le surintendant des JOP.

Selon Michel Cadot, la Dijop aura connu deux phases. « Dans une première phase, il fallait procéder à la rédaction des principaux textes législatifs et réglementaires, la mise en œuvre des dispositions liées à des procédures d'urbanisme et la mise en place des structures : la Solideo pour la livraison des ouvrages, le Cojop pour la livraison des Jeux. Une fois le cadre de travail stabilisé et la finalisation budgétaire actée, le rôle de la Dijop est désormais d'œuvrer à la mobilisation collective et de mener une action continue pour assurer la contribution des ministères concernant les héritages qu'ils doivent porter. Elle se doit d'adapter le projet en fonction des aléas économiques et sociaux, comme la crise sanitaire, qui peuvent advenir. Son rôle est de toujours veiller à la bonne avancée du projet olympique[26]. »

Dans ce cadre, sur recommandation de la Cour des comptes, la Dijop a créé, en octobre 2021, un Comité des partenaires. Il a pour objectif de partager, avec les principales parties prenantes – Ville de Paris, conseil départemental du 93, Métropole du Grand Paris, Région Île-de-France, Cojop, Solideo –, les informations stratégiques utiles à la préparation des Jeux, et de mûrir collectivement certaines décisions en amont des conseils d'administration. Ce comité sera amené à jouer le rôle de bureau non exécutif de la Solideo.

Le Cojop, la Solideo et la Dijop constituent un triangle sur la surface duquel se dessine la future réussite des Jeux. Pour résumer : en lien étroit avec le CIO et le CIP, le Cojop prépare et organisera les JOP ; la Solideo rénove, construit et aménage ; la Dijop fluidifie, facilite et coordonne. Le tout dans un univers où la collégialité est la règle d'or.

3

Du coût des Jeux

Paris IVe, 14 juin 2018. Salle des fêtes de l'Hôtel de Ville de Paris. Signature du protocole financier entre les différentes parties prenantes du programme de la Solideo.

Sous les lambris de l'immense salle des fêtes de l'Hôtel de Ville de Paris se retrouvèrent ce jour-là, en fin de matinée, au premier rang, tous les acteurs de Paris 2024, autour du Premier ministre Édouard Philippe. Nous étions réunis pour signer le protocole financier entre les différentes parties prenantes du programme Solideo. Le moment était d'importance. L'objectif commun était de démontrer la constance des acteurs publics en la matière. En signant ce protocole, chacun avait la volonté de mettre en exergue que, collectivement, nous respections nos engagements initiaux quant à la sobriété des Jeux. Pour tous, l'enveloppe financière de départ calculée en 2016 devait être la référence de celle de la clôture des Jeux.

Des aménagements à la marge ont été et seront nécessaires. L'exigence n'interdit pas le pragmatisme. Sachant qu'un programme de travaux établi en 2016, donc chiffré en euros de la même année, ne pouvait être définitif au regard des études de faisabilité, de l'indexation et des décisions finales relatives aux choix des sites et des sports additionnels. La fermeté, oui. La psychorigidité, non. Mais avec un mot d'ordre : rester dans les clous. Depuis l'obtention des Jeux en septembre 2017, le Cojop, la Solideo et la Dijop ont dû s'adapter en permanence pour y demeurer.

Quatre ans après ce rendez-vous de l'Hôtel de Ville, cette détermination reste intacte. Elle a même été renforcée par la crise sanitaire, sociale et économique que nous venons de traverser.

Ce 14 juin 2018 vit ainsi la concrétisation du pacte financier entre les acteurs publics. Dans ce lieu historique – qui respire l'histoire républicaine –, au plafond se trouvent différentes peintures. Elles inspirèrent l'événement. À commencer par les allégories représentant l'histoire de la danse et de la musique[1] qui nous invitèrent à une chorégraphie bien huilée, où chacun des vingt-quatre signataires monta tour à tour sur l'estrade pour signer avec solennité « l'accord ». Par délégation de Valérie Pécresse, je le fis pour la Région Île-de-France. Au centre du plafond de la salle des fêtes, une œuvre du peintre orientaliste Benjamin Constant illustre *La Ville de Paris conviant le monde à ses fêtes*. Difficile de faire mieux pour « éclairer » une réunion dont l'objectif est d'organiser à Paris la plus grande fête planétaire.

Qu'avons-nous signé ce jour-là ? Nous avons tous acté, en conformité avec le dossier de candidature, que la participation de la puissance publique dans le programme Solideo s'élèverait à 1,374 milliard d'euros.

Abondent – avant la prise en compte de l'indexation – à ce financement : l'État, participant à hauteur de 932 millions d'euros, la Ville de Paris et la Région Île-de-France, apportant 135 millions chacune, la Métropole du Grand Paris, donnant 15 millions, le reste étant réparti entre les différents départements et collectivités concernés.

La participation de l'ensemble des entités de la Seine-Saint-Denis – département, Terres d'Envol, Plaine Commune, villes accueillant des sites – était également de 135 millions. Afin d'être davantage associés à la décision, sous l'impulsion de Stéphane Troussel, les élus séquano-dionysiens ont décidé, après Lima, de participer au financement du programme Solideo. Le coût prévisionnel de l'ensemble des chantiers de la Solideo s'établissait en juin 2018 à 3,4 milliards. Au 1,374 milliard d'argent public s'ajoutent près de 2 milliards provenant d'acteurs privés. Des promoteurs qui investissent dans la construction de logements nécessaires aux Jeux pour ensuite les exploiter en « phase héritage ».

Ce rendez-vous à la mairie de Paris était encadré par deux événements auxquels l'écosystème de Paris 2024 se devait de répondre présent. Le premier résidait dans la publication du rapport – demandé par le gouvernement – dit « des trois inspections », rendu public en mars 2018, dans lequel apparaissait un risque de dépassement du coût des Jeux de 10 %. Selon le Premier ministre de l'époque, « l'objectif de cette mission était simple : garantir le sérieux, la crédibilité et, je dirais, une forme de sérénité de la candidature française[2] ».

Pour aller dans son sens, envisager une telle augmentation de la facture des Jeux était inadmissible pour tous en général et pour la puissance publique en particulier.

À commencer par Emmanuel Macron, comme le rappela Édouard Philippe dans son intervention : « Le président de la République a été très clair : nous devons respecter les enveloppes initiales. C'est une question de crédibilité de notre candidature. C'est aussi une question de respect vis-à-vis des Français et du contribuable[3]. »

Le second rendez-vous était la première réunion de la commission de coordination des Jeux, les 18 et 19 juin, à l'hôtel Pullman, proche de la tour Eiffel. Sachant l'importance qu'accorde désormais l'institution de Lausanne à la maîtrise des dépenses afin de faire table rase des excès du passé, il était crucial pour la France de se comporter en bon élève avant l'arrivée de la délégation du CIO. Le message se devait d'être clair. Il le fut. Chacun ayant conscience que « l'événement sera accepté par l'opinion s'il ne se transforme pas en tonneau des Danaïdes[4] ».

Des ajustements nécessaires

Pour arriver à l'accord de l'Hôtel de Ville, plusieurs décisions furent prises de concert par la Dijop, le Cojop, la Solideo et l'ensemble des acteurs publics. On réduisit la taille du Centre aquatique olympique (CAO) qui sera construit face au Stade de France à Saint-Denis. Son coût était estimé à 276 millions d'euros. Il sera, en fin de compte, de 174,7 millions – indexation comprise – en incluant le coût d'une passerelle enjambant l'autoroute A1 pour relier le CAO au Stade de France. Par comparaison, le centre aquatique des récents Jeux de Tokyo a coûté 500 millions d'euros.

Plusieurs transferts relatifs aux sites des compétitions furent décidés afin de procéder à des économies substantielles : le badminton passant du Bourget à l'Arena Porte de la Chapelle, le water-polo de La Courneuve au CAO, le volley-ball – pour lequel on abandonna un projet de stade dédié – du Bourget à l'Arena Paris Sud[5]... Certains projets de rénovation furent rabotés à la marge. Un projet d'échangeur autoroutier évalué à 50 millions d'euros fut abandonné.

À la suite de cet accord, la Solideo procédera à deux ajustements. Le premier résida dans la nécessité d'adapter le projet après le choix définitif fait par le Cojop et le CIO des sports additionnels. À chaque édition des Jeux, il est présenté de nouveaux sports. Certains ne font qu'une courte apparition dans l'histoire olympique, d'autres deviennent sport olympique pérenne. Ce qui explique qu'au fil du temps le nombre de sports, de disciplines et d'épreuves a crû. Il y avait neuf sports lors des premiers Jeux de l'ère moderne, en 1896, à Athènes. Il y en aura vingt-huit plus les quatre additionnels – vingt-deux pour les paralympiques – à Paris en 2024.

Le choix de ces sports supplémentaires se fait en fonction des tendances de la société, de leur impact en particulier auprès de la jeunesse, de leur popularité à travers le monde, de leur poids économique et sociétal. C'est ainsi que le rugby comme le golf ont fait des apparitions plus ou moins longues dans le programme olympique. Depuis les Jeux de Rio 2016, ces deux sports ont été confirmés. Lors des derniers Jeux de Tokyo, il y avait cinq sports additionnels : baseball, karaté, skateboard, escalade et surf. Les trois derniers seront retenus, à nouveau, par les organisateurs de Paris 2024. Ils y rajouteront le « breaking » ou « breakdance », afin d'apporter aux Jeux selon la volonté du CIO « une touche plus urbaine, plus jeune[6] ».

Dans cette perspective, lors de son conseil d'administration du 13 octobre 2020, la Solideo valida une augmentation de 12 millions d'euros de son programme. Cet ajout permettra de financer la construction du mur d'escalade au Bourget – nouvelle structure pérenne à inclure dans l'héritage –, une participation de l'établissement public au financement de la rénovation du lycée Marcel-Cachin à Saint-Ouen, et un soutien au projet *Prisme* (Pôle de référence inclusif sportif métropolitain) à Bobigny, « un temple dédié à la pratique handisport[7] » de 9 200 m^2. Dans le même temps, la Solideo réduisit la voilure du financement des voies olympiques de 50 à 37 millions d'euros. Ces voies seront réservées aux déplacements des athlètes et des officiels, afin de leur assurer d'être en temps et en heure aux compétitions. L'ambition du projet en phase olympique pour le « cluster des médias » fut aussi revue à la baisse.

Le second ajustement pour la Solideo fut de prendre en compte l'indexation. Comme mentionné plus haut, le coût des Jeux inscrit dans le dossier de candidature remis au CIO était calculé en euros 2016. Il a donc fallu « vieillir la maquette financière », pour reprendre l'expression du préfet Michel Cadot[8], afin de prendre en compte l'inflation et les évolutions d'indice du coût des travaux. Cette décision répondait à une exigence de la Cour des comptes. Elle fut validée dans son esprit, à l'unanimité, lors du conseil d'administration de l'établissement public le 4 mars 2021. Le conseil suivant, le 13 juillet, acta son montant de 175 millions d'euros. Il sera pris en charge par les acteurs publics en proportion de leur engagement initial. Soit, pour l'État, 112 millions. Le montant en euros courants 2021 de la participation publique à la réalisation des infrastructures pérennes des Jeux s'élève désormais à 1,552 milliard d'euros. Même si une « clause de revoyure » est prévue en cas de reprise de l'inflation, le budget ne devrait plus bouger. Il est stabilisé. Le pari a été fait que les indices TP01 et BP01, liés aux coûts des travaux, ne varieront pas plus de 2 à 3 % par an. Sauf pénurie importante de matières premières indispensables à la construction, il ne devrait pas y avoir de nouvelles évolutions.

Le budget de la Solideo inclut aussi 160 millions d'euros d'achats de terrains publics par les promoteurs. Il est donc de 1,712 milliard. À hauteur totale de 280 millions d'euros, des collectivités locales ont rajouté des financements non dans le cadre des besoins des Jeux mais pour améliorer l'héritage de certains ouvrages. C'est le cas de la Ville de Paris pour l'Arena II ou de la Métropole du Grand Paris pour le Centre aquatique olympique. Quant à l'apport des investisseurs privés, il est consolidé à hauteur de 2 milliards d'euros. En globalité, le programme de la Solideo s'établit à près de 4 milliards d'euros. Pour mémoire, l'équivalent du budget de la Solideo pour les Jeux de Londres 2012 était à plus de 8 milliards d'euros.

L'essentiel, comme l'indique le Cojop, est que « derrière chaque euro public, il y a un équipement public pérenne[9] ». Au regard des fantasmes véhiculés sur l'argent dépensé pour l'organisation des Jeux, il convient de noter que l'engagement de départ a été respecté. On a su faire preuve de maîtrise. Il y a eu des aménagements inévitables, notamment du fait de l'inflation, mais il n'y a aucun dérapage à l'horizon. Aucune dérive. Aucune folie. Les opposants aux Jeux, qui ont souvent pour principal argument de dénoncer le prétendu gouffre financier de l'engagement public, en sont pour leurs frais.

Un Cojop économe

Ils le seront d'autant plus si, avec honnêteté, ils scrutent le budget du Cojop ainsi que son organisation. Ses ressources sont à plus de 97 % d'origine privée. Les quelque 3 % restant, venant de la sphère publique, sont une aide pour l'organisation des Jeux paralympiques dont chacun peut saisir l'importance sociétale pour contribuer à un autre regard sur le handicap. Un regard alliant solidarité et admiration. Dans cette perspective, la Région Île-de-France accorde 10 millions d'euros, tout comme la Ville de Paris, l'État apportant 80 millions.

À l'instar de la Solideo, le Cojop a veillé à rester dans les clous de son budget initial. Conscient aussi que la crise pouvait affecter ses ressources, à partir du printemps 2020 il se fixa l'objectif de générer des économies et des rentrées supplémentaires. Tout en garantissant les fondamentaux du dossier de candidature – compacité, avec 80 % des sites à moins de trente minutes du village olympique, accessibilité universelle et accès public aux compétitions par les transports en commun –, le Cojop, en lien étroit avec le CIO et les fédérations internationales, prit plusieurs décisions. Elles furent validées par les parties prenantes lors d'un bureau exécutif de Paris 2024 le 25 novembre 2020, et votées à l'occasion du conseil d'administration du 17 décembre 2020.

du public ch'ti. Elle sera un atout pour mener nos handballeurs et handballeuses sur le toit de l'Olympe.

Le troisième arbitrage résida dans la mutualisation des sites pour accueillir en un lieu identique les épreuves olympiques puis paralympiques d'un même sport : le tennis de table à l'Arena Sud, le judo à l'Arena Champ-de-Mars et le taekwondo au Grand Palais. Au total, 198 millions d'euros furent économisés par la réalisation de cette nouvelle carte des sites et par de nombreux « rabotages » sur les fonctions supports. Selon la direction du Cojop, on fit des « économies par petites poches[15] ». L'accroissement de la jauge pour certaines compétitions devrait générer une recette supplémentaire en billetterie de 25 millions d'euros. Le CIO, pour accompagner l'organisation des sports additionnels, octroya en parallèle une rallonge de subvention de 71 millions net.

Après ces aménagements, le budget, à l'équilibre, du Comité d'organisation s'élève aujourd'hui à 3,9 milliards d'euros. Il était de 3,8 milliards d'euros en phase de candidature. Soit une augmentation de 2,5 % après la finalisation du projet. L'épaisseur du trait… Le Comité d'organisation, prenant soin d'anticiper d'éventuels aléas, a inclus une réserve de 320 millions d'euros fin 2020. À cette date, le budget opérationnel de Paris 2024 était fixé à 3,583 milliards d'euros[16].

Le financement du Comité d'organisation

L'essentiel du financement du Cojop provient de trois sources : la billetterie – avec 13 millions de billets à vendre, 9,5 millions pour les Jeux olympiques et 3,5 millions pour les Jeux paralympiques –, qui devrait rapporter plus de 1,1 milliard d'euros en comptant sur 85 % de billets vendus, projection rigoureuse sachant qu'à Londres 95 % des billets ont été achetés ; la subvention du CIO, qui est fixée à 1,219 milliard d'euros (dont 750 millions de droits TV), et le programme des partenaires, avec l'objectif qu'il atteigne au minimum 1,1 milliard. À ces différentes sommes s'ajoutent 100 millions d'euros de concours public pour le financement des Jeux paralympiques, et d'autres revenus estimés à plus de 300 millions d'euros, liés notamment aux programmes de licences de marchandising et de loteries. Sauf nouvelle pandémie, la billetterie devrait rapporter la somme estimée. Quant à la subvention du CIO, elle est acquise.

Ce qui fait l'objet désormais de toutes les attentions du Cojop, sous le regard vigilant des parties prenantes, c'est la réussite du programme marketing. Ce dernier réside dans la recherche et l'animation de sponsors partenaires des Jeux. À la fin de l'année 2021, 714 millions d'euros avaient été déjà acquis grâce à ces partenariats, soit près des deux tiers du total espéré[17]. C'est encourageant, mais la direction de Paris 2024 va devoir redoubler d'efforts. Le report des Jeux de Tokyo d'un an a eu pour conséquence d'enrayer la dynamique. L'histoire récente des JOP démontre que les entreprises intègrent en nombre le programme de partenariat au début de l'olympiade. La dynamique s'était enclenchée pour Londres 2012 au lendemain de Pékin 2008. La crise mondiale n'a pas simplifié les choses non plus. Difficile en ces temps de tempête pour un groupe du Cac 40 d'annoncer un investissement substantiel en termes de marketing.

Toutefois, certains de ces contrats se signent dans la dernière ligne droite. « Les Jeux attirent des partenaires jusqu'à la dernière minute, la dynamique ne va pas s'arrêter. Sebastian Coe explique qu'il a signé les derniers contrats trois mois avant les Jeux de Londres[18] », rapporte Tony Estanguet.

Tout laisse à penser, à ce stade, que grâce au professionnalisme et à la rigueur dont le Cojop fait preuve dans la chasse aux sponsors, le milliard recherché sera trouvé. Cette recherche est méthodique. Elle est menée, au sein du Cojop, par des collaborateurs aussi expérimentés que compétents pour démarcher les partenaires potentiels, secteur par secteur. Sachant qu'une seule entreprise par domaine d'activité sera acceptée, Paris 2024 ne peut prendre comme partenaire des concurrents des entreprises Top sponsors du CIO.

Cependant, la chose est subtile. Le Cojop a pu signer avec le groupe Accor malgré la présence d'Airbnb dans le programme Top. Cette plateforme communautaire n'est en effet pas considérée, selon le CIO, comme une entreprise de l'hôtellerie. Chaque secteur est, par conséquent, scruté et analysé. Au Cojop, une cellule de *business intelligence* s'active en ce sens. Une autre, en charge de la vente, s'occupe de faire des propositions à des partenaires éventuels. Elle prend en compte différents critères pour faire son offre : la nature de la concurrence, l'historique en matière de sponsoring, la stratégie, l'investissement, l'intérêt pour le sport, la communication interne et externe…

Malgré la crise, les premiers contrats signés en augurent d'autres. Les responsables publics ne peuvent toutefois ignorer que l'État a signé une lettre de garantie au CIO pour assurer le financement des Jeux en cas de défaillance du Cojop. La rigueur doit être ainsi de mise à tous les étages de la fusée Paris 2024.

À cet égard, la prise de position avant la crise d'Anne Hidalgo contre la participation de l'entreprise Total fut baroque. Elle ne la jugea écologiquement pas digne de soutenir les JOP. Cette approche ne fut pas du goût de tous au sein de l'écosystème de Paris 2024. Il n'y avait pas eu la même pudeur de la Mairie de Paris quand ce groupe, appartenant au secteur énergétique, fit *via* sa fondation du mécénat pour la restauration du théâtre du Châtelet. La maire de Paris prit ainsi le risque de donner le sentiment au milieu économique que le politique décidait des entreprises acceptables et de celles qui ne l'étaient pas.

Il aurait sans doute été plus politiquement correct de proposer ce partenariat après les municipales. Il serait toutefois excessif de dire que la position d'Anne Hidalgo dans cette affaire eut des conséquences néfastes sur le long terme – hormis la perte de l'argent de Total – pour le financement des Jeux de Paris 2024, mais un tel message ne contribua pas à renforcer le mouvement auprès des décideurs économiques.

Cela a été surtout incompris au sein de Paris 2024 au regard du virage du groupe Total, qui va devenir un leader mondial de la révolution énergétique avec des investissements hors norme dans ce domaine. Il aurait été logique que les Jeux soient un accompagnateur de ce mouvement voulu par l'entreprise. Total comme Paris 2024 auraient été gagnants-gagnants. Total, devenu TotalEnergies, s'engagea par la suite pour France 2023, le comité d'organisation de la Coupe du monde de rugby. Tant mieux pour le monde de l'ovalie !

Chacun doit donc être responsable et mobilisé pour accompagner Paris 2024 dans sa quête de partenaires. Dans cette optique, le président de la République organisa, le 27 février 2018, un dîner réunissant des chefs d'entreprise, en majorité du secteur public, et l'ensemble des acteurs de Paris 2024. Se côtoyèrent ce soir-là, dans la salle des fêtes de l'Élysée, Tony Estanguet, Augustin de Romanet, Anne Hidalgo, Bruno Le Maire, Rodolphe Saadée, Teddy Riner, Stéphane Richard… Ce dîner suscita des vocations olympiques chez quelques grands patrons. Le président de la République ne cessa par la suite de mobiliser les acteurs économiques dans ce sens.

De l'importance de la marque

Cette dynamique se retrouve dans l'action que mène le mouvement olympique pour protéger et défendre sa marque. Cette dernière est le Graal du financement olympique. Pour résumer le mécanisme : de l'image dépend la marque, de la marque dépend le financement des JOP.

La griffe aux cinq anneaux génère deux types de ressources pour le CIO : la contribution des partenaires olympiques mondiaux (Top[19]) et les droits TV. Ces droits représentent les trois quarts des revenus du CIO. Celui-ci est en effet propriétaire des Jeux et de la marque olympiques.

Il s'organise en territorialité en confiant l'exploitation de sa marque à ses comités nationaux. En France, c'est donc le CNOSF qui en est habituellement le dépositaire.

Sauf dans la séquence liée à l'organisation des Jeux, période durant laquelle le Cojop a la jouissance des droits. En contrepartie, il verse au Comité national une somme équivalente à la perte d'exploitation. Le Cojop a ainsi fait un chèque au CNOSF correspondant à la perte d'exploitation de la marque olympique durant six ans, du 1er janvier 2019 au 31 décembre 2024. Un montant de 69 millions d'euros a été évoqué. On comprendra que les sommes en jeu sont considérables.

Le CIO est d'ailleurs sur ce sujet très chatouilleux. Il est à titre d'exemple fort déconseillé de mettre les anneaux olympiques dans votre vitrine si vous êtes commerçant. Le Cojop, détenteur de la marque Paris 2024, est dans le même état d'esprit. Il n'est d'ailleurs pas recommandé aussi d'inscrire dans votre carte un « menu Paris 2024 » si vous êtes restaurateur. Vous recevriez dans les plus brefs délais un recommandé vous menaçant de poursuite et d'amende. Le CIO dispose d'une veille numérique – avec des dispositifs performants *ad hoc* – pour repérer les « fraudeurs », en particulier sur les réseaux sociaux, et d'une armada de juristes.

Assistant à la cérémonie d'ouverture des derniers Jeux olympiques d'hiver, à Pyongchang[20], en Corée du Sud, je publiai naïvement – comme n'importe quel quidam – sur ma page Facebook une courte vidéo, réalisée avec mon smartphone, de ce moment fort des Jeux. Dans la seconde, je reçus une notification m'indiquant que ma publication était bloquée car j'utilisais des images et du son *made by CIO*. Cela peut paraître excessif, mais c'est indispensable pour une structure qui vit de sponsors engageant des sommes importantes, voire colossales pour utiliser la marque olympique.

Il en va de la bonne et saine organisation des JOP. Il en va, *via* le CIO, du financement des fédérations internationales et des comités olympiques nationaux. Le CIO redistribue 90 % de ses revenus, à travers le monde, au mouvement olympique, soit 3,4 millions de dollars par jour[21]. Les 10 % restants assurent le fonctionnement de l'organisation. Sans préservation de la marque, il n'y aurait ni Jeux, ni financement mondial du sport. La force de cette marque unique réside dans les valeurs qu'elle incarne.

La stratégie marketing de l'institution, présidée par Thomas Bach, est d'ailleurs limpide. Le CIO s'en explique dans le cadre de sa stratégie « Agenda 2020 +5 » adoptée lors de sa 137e session en mars 2021 : « Étant une organisation fondée sur des valeurs, c'est ce que nous offrons à nos partenaires[22]. » Offrir des valeurs, cela n'a pas de prix.

Plus que jamais, le sport a cette force. Il apparaît comme une valeur refuge pour les entreprises. Il constitue un accélérateur d'énergie au sein des entreprises qui s'engagent dans le sport. « Le sponsoring sportif crée une communion et une effervescence parmi les collaborateurs qui valent tous les exercices de l'intelligence collective », explique Marie-Doha Besancenot, directrice de la marque, de la communication et de la RSE d'Allianz France[23].

Fort de ce constat, même si le ticket d'entrée dans le partenariat Top est très élevé – certains diront astronomique –, les entreprises s'y retrouvent. Ce partenariat avec le CIO se fait souvent sous le sceau de la fidélité et du secret. Coca-Cola est partenaire des JO depuis 1928, année des Jeux d'Amsterdam. La marque d'Atlanta a renouvelé en 2019 son bail olympique, en duo avec le laitier chinois Migniu, jusqu'en 2032. De son côté, le CIO voit ses ressources augmenter de façon exponentielle. Selon le site sportbuzzbusiness.fr, « en trente ans, les revenus marketing et sponsoring du programme Top sont passés de 96 millions de dollars à environ 1 milliard de dollars sur des cycles de quatre ans[24] ». Le CIO annonce 4 milliards déjà garantis par les partenaires Top et les diffuseurs détenteurs des droits pour la période 2029-2032[25]. Côté sponsors, l'investissement apparaît plus que rentable en termes d'image, de visibilité mondiale et d'incarnation des valeurs olympiques. C'est donc un partenariat gagnant-gagnant.

En réponse aux critiques

Cette solidité financière du CIO, maître des Jeux, constitue une première assurance pour Paris 2024. Elle ne préserve pas les organisateurs d'attaques multiples plus ou moins fondées. Les Jeux sont confrontés aux dérives du complotisme, aux délires des réseaux sociaux – « cette poubelle à ciel ouvert », comme le dit à juste titre Éric Dupond-Moretti – et autres professionnels de la rumeur.

Les accusations s'articulent pour l'essentiel autour de « l'inutilité » des Jeux et du « gaspillage ». Chacun est libre de croire ou de ne pas croire en l'utilité des Jeux. Il ne serait néanmoins pas superflu que les réfractaires aux JOP s'interrogent sur le sens, pour une nation, de porter un projet de cette ampleur, d'accueillir le reste du monde et de faire partager à toute sa jeunesse les trois piliers de l'olympisme que sont le respect, l'amitié et l'exigence. Si tout cela est inutile, beaucoup de choses en ce bas monde doivent l'être. Et puis, ne leur déplaise, comme l'indique le préfet Jean-François Carenco : « L'image de la France, celle de la République, l'avenir de la Seine-Saint-Denis sont des choses qui méritent que l'on y dépense un peu d'argent public[26]. »

Les Français ne s'y trompent d'ailleurs pas. Toutes les études d'opinion démontrent que nos concitoyens soutiennent en nombre les Jeux.

Si une majorité approuve, une minorité agit pour démolir voire salir le projet. Elle le fait en grande partie sur le thème de l'argent. Pour les uns, la dépense publique va être phénoménale. Pour les autres, l'endettement sera abyssal. Pour tous les ennemis de Paris 2024, les organisateurs vont s'en mettre « plein les fouilles ». Et enfin, bien évidemment, selon eux les Jeux s'organisent dans l'opacité. Lecteurs, soyez juges !

L'argent public coule-t-il à flots ?

Si on additionne le budget de la Solideo dans sa globalité et celui du Cojop, on atteint environ 7,8 milliards d'euros. La participation de la puissance publique sur l'ensemble correspond à 1,932 milliard d'euros[27] soit 24,7 % du total. Cette somme sera réglée sur cinq ans, ce qui en moyenne correspond à un versement public – État plus les collectivités – à 386 millions d'euros par an. L'État, en 2021, aura ainsi versé 225 millions d'euros à la Solideo. Pour rappel, ces sommes engagées servent à des investissements certes nécessaires aux Jeux mais elles financent, avant tout, des structures pérennes, utiles à la population après 2024.

Pour mémoire, selon l'Insee, le total de la dépense publique représentait, en 2020, 1 423 milliards d'euros. L'engagement public pour les JOP représente donc 0,03 % par an de la dépense publique pour une durée limitée. En conséquence, dire que l'engagement public est significatif s'apparente à la réalité. Il contribue au passage à l'effort de relance. Il est contenu et, comme nous l'avons vu, encadré. L'essentiel du financement des Jeux est d'origine privée. Dire que la dépense publique mise à disposition des JOP n'est pas maîtrisée, cela frise la malhonnêteté intellectuelle.

L'endettement sera-t-il au rendez-vous ?

À ce sujet, il n'est pas négligeable de se remémorer un premier succès du tandem aujourd'hui à la tête du Cojop. Tony Estanguet et Étienne Thobois, déjà dirigeants du GIP de Paris 2024, peuvent s'enorgueillir qu'après la liquidation de ce dernier en 2018, il y ait eu un excédent brut de 6,7 millions d'euros. Ce qui correspond à plus de 10 % du budget du groupement d'intérêt public. Après épuration des comptes par le liquidateur du GIP, un boni de 5,1 millions d'euros fut redistribué à l'ensemble des membres fondateurs[28], avec la consigne d'en faire bon usage pour le développement de la pratique sportive. Difficile de faire mieux en matière de bonne gérance, n'en déplaise aux pourfendeurs des Jeux.

Plutôt de bon augure pour faire des Jeux une vitrine exemplaire en gestion plutôt qu'un gouffre prédit – espéré ? – par certains.

Ces éreinteurs des Jeux n'ont surtout pas saisi la révolution en cours au CIO concernant la gestion des futurs Jeux. Elle a pour nom « Agenda 2020 », stratégie adoptée lors de la 127e session du CIO à Monaco en décembre 2014. Et elle a pour mot d'ordre : « Changer ou être changé. » Elle est le fruit d'un travail en profondeur. En 2014, les membres du CIO ont pris conscience des errements du passé, d'une crise possible de vocations pour les villes-mondes et d'une image écornée du mouvement olympique. Il fallait aussi rassurer les sponsors qui font le choix d'associer leur marque à celle de l'olympisme. Cet « Agenda 2020 » a été bâti sur trois piliers, « crédibilité », « durabilité » et « jeunesse ». Il a pour ambition de mieux protéger les athlètes en donnant plus de moyens à la lutte contre le dopage, la corruption et les compétitions truquées.

À Monte-Carlo, quarante recommandations ont été édictées dans ce sens. En 2020, Thomas Bach affirmait que 88 % d'entre elles avaient été réalisées[29]. Ces avancées ont renforcé la confiance des partenaires, qui ont triplé le montant de leur participation au programme Top. Le CIO veut faire de Paris 2024 le symbole de ce nouveau cycle de la conception et de l'organisation des Jeux. Ces Jeux seront un tournant de sobriété dans l'ère moderne de l'histoire olympique. Ils seront également l'illustration de Jeux encore plus inclusifs et davantage responsables vis-à-vis du défi climatique. Ils auront la volonté de réduire de manière sensible la consommation carbone par rapport aux éditions précédentes.

Dans cet esprit, le nombre de participants sera réduit de mille personnes par rapport à Tokyo : près de six cents athlètes et quatre cents officiels en moins. Une telle décision générera des économies substantielles en termes de transports, de restauration et d'hébergement. Paris sera le symbole de l'exploitation maximale des structures existantes. Pour 2024, très peu de nouvelles infrastructures sportives sont prévues : 95 % d'entre elles existent déjà ou seront non pérennes. Sortiront de terre le Centre aquatique olympique à Saint-Denis et l'Arena II porte de la Chapelle. Une troisième, si on rajoute le Stade nautique olympique d'Île-de-France à Vaires-sur-Marne, dont la construction était prévue même si nous n'avions pas obtenu les Jeux. Les travaux d'Hercule de la Solideo se résument dans leur grande majorité à de la rénovation de l'existant, de la création d'externalités positives *via* des aménagements – passerelles, enfouissement de lignes à haute tension, échangeur de l'A86 – et du bâti – avec le village olympique et le « cluster des médias » – qui se transformera en logements, bureaux et services publics.

Fort de ce constat, il est certain que Paris 2024 n'accouchera d'aucun éléphant blanc. On sera à des années-lumière de Rio 2016, et encore plus d'Athènes 2004. Aujourd'hui, dix-neuf des vingt-deux nouveaux sites construits pour les Jeux d'Athènes sont à l'abandon. Le photographe anglais Jamie McGregor Smith en a d'ailleurs fait des photos saisissantes[30] qui ne peuvent qu'interpeller. À l'avenir, on ne construira plus un stade de softball – sport additionnel à Athènes – dans un pays où personne ne pratique ce sport.

Avec l'« Agenda 2020 », finis les excès d'antan. Finie la démesure. Finis les temps de surenchère et de budgets astronomiques : 31 milliards d'euros pour Pékin 2008 et record absolu pour les Jeux d'hiver à Sotchi avec 36 milliards. Selon une étude récente de l'université d'Oxford, le dépassement moyen du coût des Jeux aurait été de 172 %. Mais attention de ne pas mélanger les choux avec les carottes. Les surcoûts des comités d'organisation sont souvent bien différents et bien moindres que ceux des autorités locales. À Sotchi, le Comité d'organisation était bon an mal an dans le respect des engagements initiaux. Est-ce la faute du mouvement olympique si les Russes ont voulu profiter des Jeux pour aménager le tout-à-l'égout ? *Idem* à Pékin où le gouvernement chinois a surfé sur les Jeux pour construire un troisième aéroport. Rien de tel ne se produira en France ! Tous les acteurs publics veulent de la sobriété. Le budget maîtrisé depuis le départ en est la meilleure preuve. Il y a un front commun entre Emmanuel Macron, Anne Hidalgo et Valérie Pécresse. Leurs discours sont en conformité avec leurs actes.

L'argent, première motivation des dirigeants de Paris 2024 ?

Pour attirer les meilleurs, Paris 2024 se devait d'être attractif. Le monde de l'événementiel sportif mondial est, en termes de ressources humaines, un marché spécifique. Un marché d'excellence. Ceux qui s'y distinguent ont un prix. Le monde anglo-saxon donne le *la*. Paris 2024 se doit de recruter la fine fleur tout en ne tombant pas dans la démesure.

C'est pourquoi un comité des rémunérations a été créé. Il est présidé par Jean-Paul Bailly, ancien PDG de la RATP. Il se compose de représentants de l'État, du CNOSF, de la Ville de Paris, du Parlement – un pour chaque assemblée – et de professionnels reconnus dans la sphère RH[31]. Sa mission est de définir la grille salariale du Cojop au regard du marché du travail et de comparaisons avec des structures similaires. Son travail a été salué par la Cour des comptes. Les salaires du Cojop génèrent beaucoup de fantasmes.

À commencer par celui de Tony Estanguet, dont il est important de rappeler que sa mission consiste à diriger, tout en étant le porte-parole emblématique, le plus grand événement jamais organisé en France, avec plus de quatre mille collaborateurs – effectif de Paris 2024 au moment des Jeux –, près de 4 milliards de budget et quarante-cinq mille volontaires.

Le 11 octobre 2018, *Le Canard enchaîné* annonçait un montant annuel de 450 000 euros pour le salaire du président de Paris 2024. En réponse, un communiqué du Comité d'organisation expliqua que l'hebdomadaire satirique n'avait pas pris soin de l'interroger et que cette somme était bien éloignée de la réalité. Ce qui aurait mérité dans le numéro suivant du palmipède un « pan sur le bec ». Dans les faits, ce salaire s'élève à 270 000 euros bruts. Après avis du comité des rémunérations, il a été entériné par un vote du conseil d'administration le 2 mars 2018. Ce salaire est d'importance mais il n'est pas monstrueux. Pour s'en convaincre, il suffit de se souvenir qu'en 2012 Sébastian Coe, président des Jeux londoniens, gagnait 750 000 euros par an. À titre indicatif, le salaire moyen d'un joueur de ligue 1 est de 94 000 euros bruts par mois – 1,28 million d'euros par an[32]. CQFD !

L'opacité guide-t-elle l'organisation des Jeux ?

Plusieurs éléments mettent en exergue que la gestion de Paris 2024 s'effectue dans une totale transparence. Le premier est de noter que les achats du Cojop sont soumis au Code des marchés publics. Ce n'était pas une obligation, au regard du fait qu'il s'agit d'une association, avec pour l'essentiel un financement privé. Ce dispositif contraignant impose une grande limpidité. En réalité, le Cojop comme la Solideo sont contrôlés sur plusieurs niveaux et par différents tiers. Ces contrôles sont multiples.

Contrôle permanent du CIO, qui trouve son point d'orgue lors de la revue de projets à l'occasion des passages en France de la Commission de coordination.

Contrôle par les membres des conseils d'administration respectifs de ces deux organismes, qui ont à leur disposition tous les rapports, informations et contacts nécessaires pour mener les vérifications qu'ils jugeraient utiles. Difficile d'imaginer que des informations puissent demeurer secrètes dans des instances qui comptent plusieurs dizaines de personnes, surtout à l'heure du tout-média et des réseaux sociaux. Difficile de penser que Valérie Pécresse ou Anne Hidalgo puissent rester inertes si des irrégularités se produisaient.

Contrôle de la Haute Autorité pour la transparence de la vie publique (HATVP) à laquelle le *top management* du Cojop et de la Solideo doit se soumettre en déclarant revenus et patrimoines.

Contrôle de la Cour des comptes, conformément à l'article 29 de la loi olympique, qui audite régulièrement le Comité d'organisation et la Solideo. Un rapport avait été rendu sur le GIP en juillet 2020. Le dernier rapport date d'avril 2021. Un autre sera réalisé, à nouveau, par les magistrats de la rue Cambon en 2022. Le rapport de 2021 a eu un bruit médiatique très faible. Preuve que les médias n'avaient rien de croustillant à se mettre sous la dent. Preuve surtout de la bonne gestion des instances de Paris 2024.

Dans une note de synthèse adressée, en avril 2021, au Cojop par la Cour, il était écrit : « Les comptes des exercices 2018 et 2019 du Cojop ainsi que le premier bilan d'ouverture, certifiés sans réserve par les commissaires aux comptes, n'appellent pas d'observations quant à leur régularité et leur sincérité. » Tout est dit ! Les magistrats feront de nombreuses recommandations relatives à la « consolidation de la coordination des entités responsables de l'organisation olympique » et à la « sécurisation du cadre budgétaire et financier des Jeux ». Un référé de la Cour, en date du 9 avril 2021, sera adressé au Premier ministre dans ce sens. Le Cojop comme la Solideo, sous l'œil vigilant du Dijop, se sont engagés à les mettre en œuvre dans les plus brefs délais. Il serait surprenant qu'il n'en soit pas ainsi.

Contrôle de l'Agence française anticorruption (Afa), qui selon la loi peut « de sa propre initiative » déclencher, sous la tutelle conjointe des ministères du Budget et de la Justice, une action à l'égard des collaborateurs du Cojop et de la Solideo mais aussi vis-à-vis de l'ensemble des parties prenantes. Elle n'a pas manqué en 2021 d'effectuer un contrôle auprès du Cojop. Ce dernier s'est empressé de répondre aux remarques de l'Afa. Ses réponses étaient validées par son comité d'éthique. L'agence peut aussi servir de conseil et d'appui à la demande des différentes entités liées à Paris 2024.

En complément à cette myriade de contrôles externes, le Cojop a créé en son sein un comité d'audit. Il a pour but de vérifier la « soutenabilité du budget » et le « bon suivi de la comptabilité »[33] du comité. Il est présidé par le préfet Jacques Lambert, qui fut le grand organisateur de la Coupe du monde de football en 1998. Il est composé de personnalités indépendantes ayant un parcours professionnel adéquat[34]. Il se réunit tous les mois. Il valide tout document financier avant une présentation en conseil d'administration.

Ultime preuve de cette exigence collective, lors d'un comité interministériel consacré aux JOP qui s'est tenu au Bourget, le 15 novembre 2021, Jean Castex a demandé qu'un audit généralisé soit mené. Ce travail sera à la disposition du gouvernement issu des urnes en juin 2022. C'est à mettre à l'actif de Jean Castex d'en avoir eu l'idée. Il illustre son sens de l'État et son attachement à la continuité républicaine.

Le nouveau gouvernement disposera ainsi d'un état des lieux précis. Cet audit sera à trois niveaux : le Cojop, la Solideo et l'État. Le Cojop devra faire contre-expertiser sa capacité à livrer les Jeux, notamment en matière d'« event delivery model ». Il permettra ainsi de faire le point sur les ressources humaines. Sur ce sujet, des tensions sont possibles. Faudra-t-il envisager davantage de recrutements ? De même, la Solideo devra faire le bilan de son action en matière de gestion des chantiers et quant au respect du calendrier. Et quant à l'État, il a commandé, à nouveau, aux trois inspections[35] de faire le point sur ces missions. Le but « c'est de couvrir les angles morts[36] » selon Fabien Meuris, conseiller de Jean Castex. Cet audit autorisera si besoin à adapter le projet olympique. Ce dernier est une succession d'adaptations. Le cap est fixé mais rien n'est figé afin de maîtriser les dépenses. Une nouvelle loi olympique pourrait être votée au second semestre 2022.

Comme toute organisation humaine, l'écosystème de Paris 2024 est bien évidemment améliorable. Cependant, au regard de la somme des contrôles qui l'accompagne et des garde-fous mis en place, il serait déraisonnable d'accuser les responsables des JOP de ne pas agir avec rigueur et dans la transparence.

Détracteurs, relisez saint Luc !

Pourtant, certains n'en démordent pas. Les critiques d'aujourd'hui sont souvent des reproches aux erreurs d'hier dans l'histoire des Jeux. Leurs auteurs se refusent de voir à la fois le changement d'époque, de méthode, de philosophie mais aussi de paradigme.

Parmi eux, à n'en pas douter, on trouve des hommes et des femmes sincères. À la lecture de leur prose, on discerne surtout un militantisme qui ne tend pas à la nuance. On y décèle souvent une vraie méconnaissance du dossier, qui s'additionne à une réelle mauvaise foi.

Ces détracteurs des Jeux, qui accusent les organisateurs d'être dans la démesure, ne se privent pas eux-mêmes d'en faire grand usage. Certains font penser à la parabole de la paille et de la poutre. Ces donneurs de leçon professionnels devraient relire ce passage du Nouveau Testament : « Pourquoi vois-tu la paille qui est dans l'œil de ton frère, et n'aperçois-tu pas la poutre qui est dans ton œil ? Ou comment peux-tu dire à ton frère : “Laisse-moi ôter une paille de ton œil”, toi qui as une poutre dans le tien ? Hypocrite, ôte premièrement la poutre de ton œil, et alors tu verras comment ôter la paille de l’œil de ton frère[37]. »

Se refusant à écouter saint Luc, ils trempent leur plume dans du vitriol ou du gros rouge qui tache. Avec toujours la même antienne, on jetterait de l’argent public à la rivière de l’inutilité. En septembre 2019, un collectif d’universitaires publia dans *Libération* une tribune « JO 2024 : non à la dilapidation de l’argent public[38] » en évoquant « l’ardoise olympique » et appelant « à contester la campagne de désinformation olympique ». Dans ce texte, les déficits évoqués dans le rapport des trois inspections – se référant à un article du *Canard enchaîné* – dix-huit mois plus tôt sont repris, mais pas un mot sur les mesures prises en 2018 par la puissance publique et Paris 2024 afin d’éviter de tels dérapages ? Est-ce une nouvelle conception de la recherche universitaire ?

De même, il était reproché dans ce papier aux collectivités locales d’investir dans les centres de préparation pour les Jeux (CPJ). Structures qui accueilleront potentiellement en amont des Jeux des délégations étrangères par discipline, afin de leur permettre de s’acclimater à notre pays et de se préparer dans les meilleures conditions. Pourquoi un tel reproche, quand on sait que ces CPJ seront en héritage des lieux pour la pratique du sport pour tous, du sport en club au sport en famille ? Des spots utiles à la santé, au vivre-ensemble et à l’éducation.

Ces signataires, toujours dans la nuance, annoncèrent également que tout cet argent gaspillé empêcherait des investissements pour « des équipements de première nécessité » notamment dans les transports et pour la création de centres culturels. Concernant les transports, la chose peut paraître surprenante, quand on sait que les Jeux sont un accélérateur des politiques publiques dans ce domaine, comme dans beaucoup d'autres. Île-de-France Mobilités, l'opérateur francilien, investira 100 millions d'euros pour améliorer l'offre de transports durant les Jeux. Cet investissement sera bénéfique à tous les usagers. L'accessibilité en sera ainsi considérablement renforcée.

Quant aux centres culturels, curieuse conception de vouloir opposer la culture au sport. Les deux apparaissent pourtant comme indispensables à l'épanouissement de notre jeunesse et du bien-être de tous. En quoi un gymnase ne serait-il pas un équipement de première nécessité ?

Derrière ces arguties pseudo-intellectuelles se cachent un mensonge et une conviction. Le mensonge – je ne vois pas d'autre mot – consiste, pour ces opposants aux Jeux, à véhiculer, à répéter et à amplifier l'idée que le financement des Jeux est avant tout public, alors que dans les faits – nous l'avons démontré –, c'est faux. Absolument faux. La constance de ce mensonge fait que tout dialogue en devient difficile. Le débat pourrait avoir une autre tournure, si ces universitaires s'interrogeaient sur la finalité de cet événement pour notre pays. Critiquer les Jeux et être force de propositions pour les rendre plus utiles aux Français, voilà un objet de réflexion qui mériterait la mobilisation de nos esprits les plus brillants.

Quant à leur conviction, elle s'affirme, entre les lignes, dans un mépris du sport. Une suffisance qui les mène à penser que le sport n'est ni un support important d'éducation ni un enjeu de politique publique.

Le comble de la mauvaise foi sur le sujet fut sans doute atteint lors de la parution d'un texte dans *Le Monde* en date du 16 septembre 2020[39]. Il fut signé par une trentaine d'intellectuels. On y retrouva en bas de page les noms de certains protagonistes de la tribune publiée un an plus tôt dans *Libération*, dont Pierre-André Taguieff. Les écrits de ce philosophe, en particulier sur la République, nous avaient habitués à plus d'exigence. On y trouva aussi la signature de Luc Ferry, que l'on a connu plus inspiré dans ses prises de position, notamment durant la crise sanitaire. La finesse d'analyse dont fait souvent preuve l'ancien ministre de l'Éducation ne transpirait pas entre les lignes de ce texte agressif frappant d'anathème les Jeux.

Dans cette tribune – sous l'angle du « quand on veut tuer son chien on dit qu'il a la rage » –, les auteurs tirèrent à boulets rouges sur les JOP. Sans retenue, ils prirent la plume du polémiste pour dénoncer « un spectacle de guerre olympique ». Bien sûr ils firent, à nouveau, du gaspillage de l'argent public leur premier argument. Sans limite aucune, ils avancèrent que le coût des Jeux « pourrait avoisiner les 18 milliards d'euros ». Sur quels arguments ? Sur la base de quels documents ? On ne saura jamais. Eux non plus d'ailleurs.

Peu leur importent les décisions votées au Parlement, les engagements de responsables publics de tous horizons politiques et les multiples contrôles auxquels sont soumis les organisateurs des Jeux. Leur intime conviction est faite, l'accusé est déjà condamné. Selon eux, « le CIO pille les ressources publiques et plume le contribuable ». Rien que ça ! Inutile donc d'écouter les plaidoiries adverses. La sentence doit être prononcée car selon eux « les Jeux de Paris 2024 bafouent l'idéal olympique ». Chacun appréciera si de cet idéal, ces intellectuels en sont les meilleurs ambassadeurs. Devons-nous leur rappeler que les seuls moments, au XXe siècle, où il n'y a pas eu les Jeux sont des périodes de guerre ?

Les auteurs de cette diatribe ignorèrent avec minutie tous les efforts consentis par les organisateurs pour faire des Jeux de Paris 2024 un exemple.

Exemplaires en matière de parité, ils seront les premiers Jeux à accueillir autant d'athlètes masculins que féminins.

Exemplaires avec un comité d'éthique[40] au sein du Cojop, là aussi une première dans l'histoire des Jeux. Ce comité est présidé par Jean-Marc Sauvé, vice-président honoraire du Conseil d'État, grand commis de l'État dont la compétence juridique, l'exigence morale et la sagesse sont unanimement reconnues. Son récent travail en qualité de président de la Commission indépendante sur les abus sexuels dans l'Église (Ciase) le prouve. Dans un rapport de deux mille pages, ce catholique convaincu n'a pas tergiversé pour mettre en lumière les errements et les fautes de l'Église de France sur ce terrible sujet. Cet homme d'une grande politesse peut être « aussi sec et précis qu'une balle de fusil lorsqu'il s'agit de lâcher des vérités[41] ». Sous son autorité, cette instance veille, au cœur de Paris 2024, au respect des collaborateurs, à l'exemplarité de chacun et à la mise en application de la charte éthique votée par le conseil d'administration en avril 2019.

Exemplaires, avec une charte sociale, adoptée le 19 juin 2018, qui encourage des personnes éloignées de l'emploi et celles en situation de handicap à s'insérer dans l'aventure olympique. Le Cojop comme la Solideo sont garants de l'application de cette charte.

Pendant que certains hurlent – minoritaires mais bruyants –, la caravane de Paris 2024 avance dans le bon sens, en associant rigueur et ambition. Avec un objectif clair : faire des JOP un événement qui marquera le monde, mais surtout laissera un héritage indélébile.

4

Un héritage de première importance

Vaires-sur-Marne, 22 juin 2019. Stade nautique olympique d'Île-de-France. Inauguration du premier site olympique construit.

Le soleil était au rendez-vous, ce matin-là, en Seine-et-Marne. Les dieux de l'Olympe avaient dû veiller à la limpidité du ciel. De bon augure pour inaugurer « le plus beau complexe de canoë-kayak d'Europe », dixit Tony Estanguet, dont le palmarès parle pour lui en la matière. En ce « week-end olympique[1] », Étaient réunis pour l'événement, à Vaires-sur-Marne, le Tout-Paris 2024 : Roxana Maracineanu, la ministre des Sports, Jean Castex, alors « dijop », Marie-Amélie Le Fur, Denis Masseglia, Guy Drut, Jean-Christophe Rolland, Bernard Lapasset, Evelyne Ciriegi, présidente du Crosif[2], Nicolas Ferrand, les présidents des fédérations françaises d'aviron et de canoë-kayak… Ce rendez-vous était l'occasion de « fêter l'aboutissement de vingt ans de travaux [...] et aussi de fêter la livraison du premier site olympique[3] ». Celui-ci accueillera les épreuves de canoë-slalom, canoë-sprint, d'aviron, para-canoë et para-aviron lors des JOP.

Ce stade avait été pensé lors des candidatures précédentes de Paris 2008 et Paris 2012. Accordons à Jean-Paul Huchon, alors président de la Région Île-de-France, d'avoir mis en route le chantier malgré la défaite de Singapour. Reconnaissons à Valérie Pécresse d'avoir accéléré les choses pour que ce projet sorte enfin de terre. Les aléas furent nombreux, notamment avec des incidences géotechniques. Mais, en bout de course, quelle réussite !

Cet équipement est une fierté pour l'Île-de-France. Jamais dans l'histoire du sport français une collectivité n'avait engagé autant de moyens pour la réalisation d'une infrastructure sportive à dimension internationale. Sur 95 millions d'euros investis, si l'État participa à hauteur de 15 millions, la Région prit en charge plus de 80 millions. Cette somme, additionnée aux financements régionaux du programme de la Solideo et des Jeux paralympiques, fait de la Région le premier financeur public des JOP après l'État. Au lendemain de Lima, Valérie Pécresse le revendiqua haut et fort. Cela illustre aussi son soutien constant à la réussite des Jeux olympiques et paralympiques.

Au-delà de son financement, ce nouveau Stade nautique olympique d'Île-de-France, établi sur la base régionale de loisirs de Vaires-Torcy, est un site exceptionnel. À trente kilomètres du cœur de Paris, cette île de loisirs de 350 hectares constitue un poumon vert francilien.

Elle permet à tous d'accéder à des prix raisonnables à la pratique de nombreux sports : golf, tennis, badminton, squash, fitness, poney-club, handisport, VTT… Elle dispose de trois plans d'eau, dont un de 90 hectares, d'une longueur de 2 200 mètres, pour la pratique de l'aviron. En son sein, le stade nautique s'étend sur 14 hectares, avec quatre rivières en eau vive, dont une de compétition, la rivière olympique, et trois d'entraînement ou d'apprentissage. Ces rivières ne sont pas réservées uniquement à une élite sportive, elles sont ouvertes à tous.

En ce jour d'inauguration, nous donnâmes d'ailleurs l'exemple. Non en kayak, mais plus modestement en raft, nous fûmes plusieurs à descendre la rivière olympique. Sensation garantie ! Un premier raft s'engagea sur le tapis roulant menant à la zone départ. À son bord, Valérie Pécresse, accompagnée de Roxana Maracineanu. Elles eurent pour coéquipiers Léo Zouggari et Tony Debray, membres de l'équipe de France, et pour barreur un certain Tony Estanguet. Une seconde embarcation, avec Nicolas Ferrand, Patrick Karam, votre serviteur et d'autres internationaux s'engagea ensuite. Avec 13 m^3-seconde de débit, et en prime une petite montée d'adrénaline, nous descendîmes, en pagayant au mieux, les 300 mètres de cette rivière comparable à un torrent de montagne.

Chacun peut éprouver la même sensation. Il vous suffit de réserver. Vous pouvez le faire en famille comme dans le cadre d'un séminaire d'entreprise. C'est en cela que réside la première force de l'héritage des Jeux. Les nouveaux équipements seront accessibles à tous. Ils sont conçus pour être utiles après les Jeux, autant au sport d'élite qu'au sport de masse. C'est pourquoi, répétons-le, il n'y aura pas, en héritage, d'éléphant blanc.

Le stade nautique a été conçu en collaboration avec les fédérations nationales et internationales de canoë-kayak et d'aviron. Il est un lieu d'accueil, avec un centre d'hébergement – plus un service de restauration – de cent quarante lits, pour accueillir des équipes du monde entier, des clubs en formation, des associations ou des entreprises. Il abrite désormais le siège de la Fédération française de canoë-kayak, un pôle logistique pour l'aviron, les ligues franciliennes d'aviron et de canoë-kayak. L'ensemble a été construit en prenant en compte les normes HQE les plus récentes, en protégeant la biodiversité des lieux, en particulier pour la conservation des oiseaux, en plantant plus de sept cent cinquante arbres… Une tribune naturelle, pouvant accueillir deux mille spectateurs, y longe la rivière olympique.

Ce nouveau Stade nautique olympique d'Île-de-France incarne cette volonté globale du projet de Paris 2024 de créer des infrastructures associant le sport performance et le sport pour tous. C'est un lieu de rencontre entre le haut niveau et la pratique populaire. Un futur champion olympique peut y côtoyer les adeptes du sport en famille. Ce lieu rassemble toutes les approches du sport : compétition, loisir, santé, bien-être… Tony Estanguet résumera bien l'ambition du projet : « C'est à la fois un véritable outil de pointe pour le sport de haut niveau, pour développer une filière de formation et d'entraînement, mais c'est également un formidable outil pédagogique à l'attention du grand public. Les différentes pratiques de sports nautiques pourront parfaitement cohabiter, exister ensemble[4]. »

Ce même esprit d'héritage, on le retrouve sur la colline d'Élancourt, où se dérouleront, en 2024, les épreuves de VTT.

La colline de la Revanche

Concernant la mise en œuvre du projet d'Élancourt, l'affaire ne fut pas simple. Au départ, le site avait bien été retenu dans le dossier de candidature de Paris 2024. Il était, lui aussi, un héritage des précédentes candidatures parisiennes. Après le succès de Lima, des études plus poussées, menées conjointement par le CIO, le Cojop et la Solideo, montrèrent la nécessité de procéder à un important aménagement des lieux dont les conséquences écologiques devraient être prises en compte avant de valider le projet. Rien de plus normal ! Surtout dans un monde où le moindre défrichement peut être considéré comme une attaque à l'équilibre planétaire. La question devint rapidement épineuse.

De surcroît, conscient du risque de voir une poignée de zadistes s'émouvoir afin de bénéficier de la caisse de résonance médiatique du plus grand événement au monde, la chose inquiéta le CIO. Le Cojop commença à être embarrassé. À ses yeux, la réputation en matière environnementale des JOP pouvait être menacée. Lors d'un bureau exécutif au siège du Cojop, le 8 novembre 2019, la maire de Paris exprima ses plus vives réserves sur le sujet. Le président de la Métropole du Grand Paris lui emboîta, dans un premier temps, le pas.

Trois autres éléments accentuèrent la complexité du dossier.

Primo, il n'y avait aucune vision post-Jeux concernant un héritage sportif et écologique.

Secundo, le VTT étant une discipline en sursis en termes d'audience, le CIO comme le Cojop évoquèrent la possibilité de mettre en concurrence Élancourt avec d'autres lieux jugés plus « iconiques » donc plus télégéniques. L'idée de voir les épreuves de VTT se dérouler en 2024 à Chamonix monta en graine. Clin d'œil au passé, de plus, puisque la station du Mont-Blanc avait accueilli en 1924 les premiers Jeux d'hiver de l'Histoire. Certains imaginèrent donc, non sans fondement, de saluer ainsi le double centenaire en 2024 en organisant une épreuve de Paris 2024 en Savoie.

Tertio, les ambitions de la SQY, parfois considérées comme « pharaoniques[5] » par de nombreux acteurs du projet, n'aidaient pas à fédérer les énergies. En effet, il y eut la volonté de créer un monorail suspendu pour atteindre le sommet de la colline. Projet aujourd'hui abandonné.

Au regard de tous ces éléments, le maintien de la colline d'Élancourt comme site olympique, à l'automne 2019, avait beaucoup de plomb dans l'aile. Voire, pour certains, il était cliniquement mort.

Un tel scénario n'était pas acceptable pour la Région Île-de-France. Nous mîmes en avant plusieurs raisons.

D'abord, il nous paraissait contraire à l'esprit de Lima de ne pas respecter un engagement pris pour un territoire dans le cadre de la candidature. Il y a, sur ce site, un vrai enjeu d'aménagement du territoire. Rappelons que cette colline est en partie le fruit des remblais liés à la création de Saint-Quentin-en-Yvelines. Elle est, depuis des décennies, un site oublié. Cette butte artificielle n'était pas aménagée pour l'accueil du public. À cela s'ajoutait qu'un déplacement en montagne des épreuves de VTT causait une grave entorse au principe de compacité des sites. La commission des athlètes du CIO ne manqua pas de le réaffirmer.

Ensuite, la colline d'Élancourt est le point culminant de l'Île-de-France, avec ses 231 mètres. Au sommet se dégage une magnifique vue englobant les forêts proches et la tour Eiffel. Une telle situation géographique était par évidence un argument de poids à opposer à ceux qui nous expliquaient qu'Élancourt n'était pas un bon spot pour les caméras.

Enfin, la colline est au cœur du deuxième pôle économique de l'Île-de-France. Ce terrain de 52 hectares se situe sur la commune d'Élancourt la « bourgeoise », mais jouxte aussi la ville de Trappes, la « précaire ». À travers l'aménagement de la colline se jouent une partie du développement économique de ce territoire et un projet à vocation aussi sociale que sociétale. L'objectif est en outre de créer le premier pôle de vélo d'Europe sur un même territoire. Pour mémoire, Saint-Quentin-en-Yvelines abrite le Vélodrome national, siège de la Fédération française de cyclisme, où se dérouleront les épreuves sur piste en 2024.

À côté du vélodrome auront lieu les compétitions de BMX *race* dans un stade dédié. L'île de loisirs toute proche de la colline sera un pôle logistique mais aussi de célébration pour Paris 2024. En confirmant le site d'Élancourt, nous nous donnions ainsi les moyens de conférer une grande cohérence « vélo » pour faire de la communauté d'agglomération de Saint-Quentin-en-Yvelines la capitale française du vélo durant les Jeux, et surtout après août 2024.

Pour sauver le soldat Élancourt, deux stratégies s'affrontèrent. D'un côté, les adeptes de l'affrontement, y compris avec la maire de Paris. Cela aurait eu pour conséquence de politiser le dossier. Et, j'en suis convaincu, d'aboutir à un échec. De l'autre, les défenseurs de la concertation. Valérie Pécresse me laissa la liberté d'agir.

En marge du jury pour le choix du maître d'ouvrage relatif au secteur de Saint-Ouen du Village des athlètes, le 22 novembre 2019, autour d'un café, une conversation informelle s'engagea avec Tony Estanguet, Anne Hidalgo et Jean Castex sur le devenir d'Élancourt. Nous prîmes la décision de donner du temps au temps, afin de revoir de A à Z le projet et de faire un point d'étape, à l'été 2020, avec la nécessité de trancher avant la fin de l'année 2020. Un tel calendrier avait l'avantage de ne pas interférer dans le débat des municipales à venir.

Pour commencer à ébaucher une synthèse entre les priorités du Cojop et les ambitions locales, sous un temps pluvieux, en compagnie de Jean-Michel Fourgous, président de la SQY, d'Olivier de La Faire, conseiller départemental en charge des JOP pour les Yvelines et de Jean-Philippe Gatien, directeur des sports de Paris 2024 – en présence de nombreux techniciens des services compétents du département, Solideo… –, nous allâmes faire une reconnaissance, le 29 novembre 2019, sur la colline d'Élancourt, anciennement dénommé « colline de la Revanche ». Un nom prédestiné !

Sous l'impulsion décisive de Jean Castex, nous nous mîmes immédiatement au travail, avec pour ambition de bâtir un projet irréprochable en matière d'excellence environnementale, de développement de la pratique sportive et d'ouverture sociale. Un groupe de travail fut créé. Il rassembla l'ensemble des acteurs, le département des Yvelines, la communauté d'agglomération de Saint-Quentin-en-Yvelines, la Fédération française de cyclisme, la Solideo, la Dijop et la préfecture des Yvelines.

Pour ne pas être juge et partie, dans un premier temps, le Cojop n'y participa pas. Nous nous réunîmes à plusieurs reprises à Versailles, à la préfecture, sous la présidence du préfet Jean-Jacques Brot. Sous son autorité, les services de l'État se mobilisèrent. Il en fut de même pour ceux de la SQY, grâce notamment à l'enthousiasme d'Arnaud Courtier, le « Monsieur JOP » de l'agglomération. Le département joua également le jeu, avec le soutien total de son directeur général des services, le très professionnel Yves Cabana. La Région, pour sa part, fut au centre du dispositif pour créer le lien entre tous afin de faire la synthèse entre les exigences du Cojop et les souhaits des acteurs locaux.

Voyant l'engagement des parties prenantes, le Cojop s'investit à son tour. Il instruisit ensuite avec rigueur et professionnalisme le dossier. Conscient de l'évolution dans le bon sens du projet, Patrick Ollier soutint, dans un second temps, le processus. Jean-Michel Fourgous, président de l'agglomération, accepta avec intelligence et pragmatisme de revoir sa feuille de route initiale. Anne Hidalgo ne fit aucun blocage. L'UCI[6] nomma en parallèle un expert pour valider le tracé olympique de la piste olympique de VTT, afin de prendre en compte les besoins des médias et la protection des athlètes. Son premier but était de limiter les risques accidentogènes pour les futurs compétiteurs. Cet expert étant sud-africain, la crise du Covid retarda sa venue en France. Nous eûmes ses conclusions en novembre 2020.

Quant au travail collectif que nous avions mené, il aboutit à un projet complet prenant en compte les impératifs de la phase Jeux et ceux de l'héritage, conformément aux attentes du CIO. Le conseil d'administration du Cojop du 17 décembre 2020 acta le choix définitif d'Élancourt. Ce choix fut celui de la raison pour une partie du conseil d'administration et celui du cœur pour beaucoup d'entre nous.

Tous s'accordèrent sur l'importance de l'héritage pour ce territoire. Le dossier de présentation du projet par la Solideo évoquera le passage « d'une colline en friche à un parc sportif et environnemental exemplaire[7] ». Tout est dit !

Dans cette perspective, le site va être dépollué. N'oublions pas qu'au départ, il s'agit d'un site post-industriel laissé à l'abandon durant des décennies. Un plan biodiversité sera ainsi mis en place pour assurer la continuité écologique du site. Un recensement méticuleux de la faune et de la flore a été réalisé en 2019. On compte 255 espèces végétales et 125 animales. Le lieu servira de laboratoire d'observation de la biodiversité. Cela sera très utile pour les publics scolaires de la région ou d'ailleurs. Des plantations nouvelles apparaîtront. Le site va gagner en qualité environnementale. Pour préparer la piste olympique, on s'est aligné sur 95 % des itinéraires déjà existants. Toutes les zones de boisements classés ont été protégées.

À l'instar du stade nautique, la colline sera également la rencontre entre le haut niveau et le sport pour tous. À la descente olympique s'ajoute une nouvelle offre sportive pour tous niveaux en VTT. La colline sera comparable à un domaine skiable, avec des pistes vététistes à différents degrés de difficulté. Une zone d'accueil sera installée, avec vestiaire et structure d'entraînement. Ce sera « un équipement à destination de tous les publics, du sportif de haut niveau jusqu'aux enfants et familles[8] », confiera

Michel Callot, président de la Fédération française de cyclisme, lors de la présentation du projet.

En prime, le lieu va devenir mille fois plus agréable pour faire seul, avec des amis, en club ou en famille, de la marche, son footing, se balader, se détendre, prendre soin de soi… Au bas de la colline, un parc famille-santé-bien-être sera aménagé, avec des parcours santé et autres équipements *ad hoc*. L'ensemble sera au cœur du développement du vélo-balade, *via* un réseau de 420 kilomètres de pistes cyclables sur l'agglomération. Une continuité cyclable sera ainsi assurée entre l'île de loisirs et la ville de Saint-Quentin-en-Yvelines. Les jeunes ou les moins jeunes des douze communes de l'agglomération de Saint-Quentin-en-Yvelines et des alentours pourront y pratiquer une activité physique à l'envi. À commencer par la pratique de la « petite reine » !

La Solideo assure désormais la maîtrise d'ouvrage de cet aménagement et des équipements, en prenant soin d'associer les riverains en 2021 et 2022. Le 31 mars 2021, un groupement fut retenu pour assurer la maîtrise d'œuvre et l'aménagement de la colline[9] ». Il est « composé de l'agence D'Ici Là (paysagiste), du bureau d'études Egis, de l'Atelier d'écologie urbaine, de Bike solutions et de Cimes Events.

Une somme d'équipements nouveaux ou rénovés

D'autres infrastructures de Paris 2024 vont s'inscrire dans la même logique. Dans un registre plus urbain, c'est le cas de la nouvelle Arena porte de la Chapelle. Elle doit contribuer à changer ce quartier de Paris soumis à la violence, la pauvreté et tous les trafics. La Ville de Paris est maître d'ouvrage. Sa commission d'appel d'offres a retenu le 25 mai 2020 pour la construction et la future exploitation le projet de Bouygues et Sco NPFF. L'ensemble sera composé d'une salle multifonctionnelle de huit mille places, de 3 500 m^2 de locaux commerciaux et d'activité de loisirs « résolument tournés vers le quartier[10] », et de deux gymnases de proximité.

Cette Arena II s'intégrera « au sein d'un nouveau quartier mixte entre les portes de la Chapelle et d'Aubervilliers, avec la création d'une Zac gare des Mines-Fillettes[11] ». Le coût de l'opération s'élèvera à 115 millions d'euros. Le Paris Basketball, qui vient de rejoindre cette saison l'élite du basket national, en sera le club résident. À l'image des autres projets, là encore, la volonté est d'associer la population, *via* le développement de la pratique sportive et l'association de haut niveau avec le sport de quartier. Ce nouveau complexe va modifier en profondeur le visage de la porte de la Chapelle. Avec 6 000 m^2 de toitures végétalisées et 1 700 m^2 de terrasse plantée, son architecture sera apaisante et constituera des îlots de fraîcheur. Souhaitons que ce futur édifice soit, pour les riverains, l'aube d'une ère urbaine nouvelle à mettre à l'actif de l'héritage des Jeux.

Ce dernier est bien évidemment une somme d'infrastructures nouvelles, de territoires aménagés, d'investissements dans les soixante-trois collectivités hôtes[12] concernées, de Paris à Marseille, de Lille à Taiarapu (en Polynésie), de réalisations multiples *via* les soixante-trois chantiers de la Solideo[13]… Ce sont cinquante-deux sites d'entraînements et 784 centres de préparation aux Jeux

(CPJ)[14] partout en France qui vont rafraîchir la carte de France des équipements sportifs.

C'est aussi, dans le cadre d'un partenariat entre Paris 2024, l'Agence nationale de cohésion des territoires (ANCT) et le programme gouvernemental « Cœur de ville », des infrastructures de proximité – *skatepark*, terrain de basket 3 × 3 – qui devraient être installées dans deux cent vingt-deux villes moyennes. À la condition que ces villes s'engagent pour les Jeux en obtenant le label « Terre de Jeux » délivré par le Cojop. Il s'agit de développer des projets de design actif en milieu urbain. Concept venu d'Amérique du Nord et d'Europe du Nord, qui promeut cinq principes pour développer le sport en milieu urbain : la liberté de faire du sport, l'inclusion, l'incitation à l'activité physique et sportive, la prise en compte de l'usager et la qualité urbaine. Des projets pilotes de design actif ont été décidés en décembre 2021. Ils écloront, courant 2022, à Saint-Dizier, Saint-Omer, Châtellerault, Limoges, Bourges et Plaine Commune.

C'est, enfin, la révolution urbaine en Seine-Saint-Denis que nous ne manquerons pas plus loin de détailler.

Il est une certitude : les Jeux changent le destin d'un territoire. Ce fut le cas pour Barcelone. Avant les Jeux de 1992, la ville était tournée vers la terre. Après les Jeux, elle pivota vers la mer. Le changement fut radical pour l'image de la ville, son développement économique et son attractivité touristique. Au-delà de la capitale de la Catalogne, « par la magie des Jeux, c'est tout le pays qui a changé d'échelle, l'Espagne a basculé dans un autre monde[15] », rappelle Marie Barsacq, directrice exécutive Impact & Héritage de Paris 2024.

En organisant les Jeux, la jeune démocratie espagnole, entrée six ans plus tôt dans la Communauté européenne, avait franchi une étape considérable dans la reconnaissance internationale de son *aggiornamento*. Dans un autre registre, Pékin 2008 confirma la Chine comme superpuissance.

Au-delà des impacts géopolitiques pour le pays hôte, le leitmotiv de l'ensemble des acteurs des Jeux est de réaliser des Jeux utiles. Utiles à la France. Utiles aux Français. « Si nous nous contentons d'organiser une fête de deux fois quinze jours, on aura raté une grande occasion de faire bouger les choses[16] », explique Georgina Grenon, directrice de l'Excellence environnementale de Paris 2024. Animés de cette volonté, tous les protagonistes de Paris considèrent l'héritage comme inhérent à l'organisation et à la vision des Jeux. Outre l'héritage matériel, il doit y avoir aussi un legs immatériel. Les deux s'additionnant. Les Jeux doivent contribuer à changer les mentalités, à bouleverser les habitudes et à modifier les comportements. Leur héritage sera environnemental, social et sociétal.

Cela s'organise dès à présent autour de deux axes. D'abord, « on pense héritage dans la livraison des Jeux[17] », analyse Marie Barsacq. La stratégie des achats du Cojop l'illustre, avec cinq engagements conséquents. Tout choix de prestataire pour Paris 2024 prendra en compte l'économie circulaire, la préservation de l'environnement, l'innovation sociale, l'inclusion sociale et la création de valeurs sur les territoires des Jeux[18]. Ensuite, « on pousse, à travers les Jeux, des sujets de société. Les JOP sont une incroyable fenêtre de communication, grâce à des acteurs mobilisés, un timing contenu et des budgets arrêtés ». Le tout avec une idée centrale : le sport peut contribuer à un monde meilleur. C'est la colonne vertébrale du projet Paris 2024.

Les JOP de l'excellence environnementale

À commencer par le sport au service de l'environnement. « Le plus grand événement au monde doit servir à relever le plus grand défi de l'humanité[19] », annonce avec fierté la passionnée Georgina Grenon. Ces Jeux seront alignés sur l'Accord de Paris concernant le climat et l'« Agenda 2030 » de l'Onu. Ils vont aider la France à réussir sa révolution environnementale. Ils serviront d'exemple. Ils constitueront, dans ce sens, une étape importante, par une sensibilisation massive de l'opinion, par des mesures concrètes et par une philosophie écologique aussi partagée que positive. Plusieurs chantiers ont été lancés par le Cojop pour atteindre ces différents objectifs.

Le premier d'entre eux consiste à réduire l'impact carbone des Jeux. Depuis la candidature, l'ambition était d'atteindre la neutralité carbone des Jeux en réduisant de 50 % les émissions carbone par rapport aux éditions précédentes. À Londres en 2012, et à Rio en 2016, 3,5 millions de tonnes de carbone ont été émises en moyenne. À travers la construction d'un modèle bas carbone des Jeux, le but du Cojop est de limiter ses émissions à 1,5 million de tonnes en 2024. Et, aujourd'hui, Paris 2024 veut aller encore plus loin, compensant plus que ces émissions « inévitables », avec des projets qui sont, pour certains, déjà lancés.

Dans le même esprit, un plan pour offrir une restauration durable sera décliné durant les Jeux. Treize millions de repas y seront servis. Plus de quatre-vingts entreprises vont être concernées. De l'agriculteur à la Sodexo, en passant par des acteurs de l'économie sociale et solidaire. Priorité sera donnée aux produits de saison. Selon Georgina Grenon, « on construira les menus pour les différents publics des Jeux sur la base de ce que l'on trouve en France en été, et on fera appel à la créativité des chefs pour proposer ce que l'on fait de mieux dans la gastronomie française[20] ».

La volonté des organisateurs consistera à privilégier le *made in France* en version écoresponsable en prônant la lutte contre le gaspillage, la réduction de l'impact carbone de l'assiette moyenne et les circuits courts. Ces derniers constitueront un héritage conséquent, notamment en Île-de-France. Ils seront utiles, après les Jeux, pour les cantines scolaires et le secteur de la grande distribution.

Que chacun se rassure, le Cojop n'oubliera pas de mettre en valeur notre patrimoine culinaire. « On souhaite le faire à la française, avec la richesse de notre gastronomie, le bon goût et le sens du responsable[21] », annonce Marlène Masure, directrice du Développement commercial et des Partenariats à Paris 2024.

Le restaurant du village olympique, situé dans la Cité du cinéma à Saint-Denis, comme l'ensemble des sites olympiques, recevra une alimentation électrique 100 % renouvelable. Cet engagement est au cœur du partenariat avec EDF. C'est ainsi que l'immeuble Pulse, siège de Paris 2024, est alimenté, en complément de sa propre production photovoltaïque, par l'approvisionnement via un système de registre innovant, d'une ferme d'éoliennes dans le Cotentin.

Ces Jeux sont aussi une aventure énergétique. Outre EDF, le Cojop travaille en étroite collaboration avec RTE[22], pour le réseau haute tension, Enedis, opérateur pour le réseau basse tension, et la direction générale de l'Énergie et du Climat (DGEC). Tous ont un triple objectif pour les Jeux : sécuriser l'accès au réseau, assurer la fourniture d'électrons renouvelables et promouvoir l'innovation. Sur ce dernier point, une course contre la montre est engagée pour disposer sur tous les sites olympiques de groupes électrogènes « propres ». Jamais une telle avancée n'avait été envisagée.

D'après nos informations, le *team* de Paris 2024 surprendrait même le CIO par son audace énergétique. Les groupes électrogènes sont un enjeu de taille en matière écologique. Ils sont prévus sur les trente-neuf sites de compétitions olympiques – dix-huit paralympiques – et autres lieux logistiques, afin de pallier toute éventualité, toute panne. Ils carburent au diesel. En 2024, le Cojop espère une flotte de groupes propres, dont certains à l'hydrogène. Cela serait une première mondiale, pour un événement d'une telle ampleur. De nouvelles technologies françaises pourraient être en capacité de répondre aux commandes de Paris 2024.

Pour renforcer cette dynamique, un Conseil de l'énergie, copiloté par la DGEC et le Cojop, a pour mission d'assurer, en lien avec différents acteurs, ce projet énergétique, ainsi que l'augmentation des capacités des réseaux quand cela est nécessaire.

La volonté du Cojop est bien d'agréger le maximum de personnes et d'entités à son approche globale de l'écologie responsable pour créer à travers les Jeux un effet d'entraînement. Elle réside aussi dans son ambition d'enrôler les meilleurs à ses côtés. « Dans ton travail pour la cause environnementale, tu dois t'entraîner avec les meilleurs. Comme pour les athlètes, il faut être coaché pour aller plus loin. Il faut challenger les pratiques pour les dépasser[23] », insiste Georgina Grenon. Un Comité de l'excellence environnementale – rebaptisé « Pour la Transformation écologique des Jeux » – a été créé dans ce sens lors du conseil d'administration du Cojop du 21 septembre 2021. Il est présidé par le biologiste Gilles Bœuf, spécialiste de la biodiversité des océans. Il se compose d'une dizaine d'experts bénévoles[24]. Il s'agira de l'équipe de France de l'excellence environnementale.

Ce comité aura notamment à cœur de soutenir le Cojop dans la mise en œuvre de son plan pour la biodiversité. Celui-ci s'opère à travers la protection de la biodiversité de tous les sites olympiques, avec des recensements de la faune et de la flore, la protection de la biodiversité urbaine – richesse parfois insoupçonnée –, la conception des sites temporaires de façon durable – une première, là encore, dans l'histoire des Jeux. Au sujet de la protection des espèces animales ou végétales, rien n'est laissé au hasard ! Les crapauds calamites – rares en Île-de-France – du Terrain des essences à La Courneuve pourront en témoigner. Ces amphibiens ont été déplacés et préservés, dans le cadre des importants travaux de dépollution et de renaturation du Terrain des essences.

Quant à l'économie circulaire, elle est intrinsèque à la conduite des projets du Cojop, comme d'ailleurs de la Solideo. À Pulse, le directeur des achats pense économie solidaire. Par essence, un Cojop est circulaire. Il naît pour les Jeux. Il meurt après. Le principe de Lavoisier, « rien ne se perd, rien ne se crée : tout se transforme », est au cœur de la stratégie de durabilité de Paris 2024, qui en a fait le premier pilier de sa stratégie responsable applicable à tous les achats. La politique menée par le Cojop pour l'empreinte matière en est une preuve irréfutable. Toutes les matières premières livrées pour le Comité d'organisation font l'objet d'un recensement avec, comme impératif, de leur donner une solution de fin de vie. Un plan de management des matières est en cours d'élaboration.

Désormais, chaque événement lié aux Jeux s'imagine dans le cadre de l'économie circulaire. Lors de la mise en place d'un site de célébration temporaire dans les jardins du Trocadéro pendant toute la durée des Jeux de Tokyo et jusqu'à l'arrivée des drapeaux olympique et paralympique, il a été décidé de n'avoir aucun plastique à usage unique pour la restauration. Du jamais vu pour Coca-Cola, fidèle partenaire de l'olympisme, qui a su s'adapter, avec des gobelets consignés. Ce détail illustre la transformation qui est en marche !

Avec 50 millions d'euros de budget consacré à l'environnement, Paris 2024 va léguer un héritage considérable pour l'événementiel. « Le sport au service de la transformation écologique[25] », tel est l'objectif de l'écosystème des Jeux. Pour l'atteindre, le Cojop prend des initiatives structurantes, dont, par exemple : collaboration – en partenariat avec le ministère des Sports – avec le Pexe (réseau national des écoentreprises) pour rédiger le « premier annuaire des solutions innovantes pour un sport durable[26] », engagement avec WWF France pour encourager des comportements écoresponsables dans le monde du sport, et signature et engagement pour l'initiative « Sports for Climate Action » de la convention-cadre des Nations unies sur le changement climatique.

Ces Jeux seront « un levier de changement et une nouvelle référence mondiale des événements sportifs en matière de durabilité[27] ». Les Jeux servent d'accélérateur pour des projets dans le domaine. Ils créent un effet boule de neige qui entraîne dans son sillage toutes les parties prenantes. Dans ce cadre, la Région Île-de-France met en place un vaste programme de « désimperméabilisation » des sols (engagement n° 48 de la Cop Île-de-France). La Ville de Paris s'engage pour le zéro plastique. Mais le plus emblématique de ces projets est incontestablement celui de rendre la Seine propre.

Souvenez-vous, en 1988, Jacques Chirac annonçait qu'il voulait rendre la Seine « baignable ». Emporté par sa générosité légendaire, il ajouta « d'ici trois ans ». Parfois, les promesses corréziennes peuvent être aussi gasconnes. Trente ans plus tard, les Jeux vont permettre de réaliser le rêve du regretté président Chirac. Ils sont un booster pour relever cet incroyable défi. La « baignabilité », pour reprendre un terme bien technique, sera possible en 2024 pour les compétiteurs et en 2025 pour le grand public. Un bouleversement pour la capitale !

À l'occasion des Jeux, des épreuves se dérouleront dans le fleuve, comme la nage en eau libre et la compétition de natation du triathlon. La ligne d'arrivée se situera au pont d'Iéna pour la première, au pont Alexandre-III pour la seconde. Les Jeux sont l'horizon de cette ambition collective. Un comité de pilotage « Qualité de l'eau et baignade en Marne et en Seine » a été lancé en 2016. Il est coprésidé par le préfet de la Région Île-de-France et la maire de Paris. La puissance publique investit 1,4 milliard d'euros pour mener à bien cette opération. Outrc la faisabilité d'organiser des épreuves olympiques, l'objectif est d'avoir vingt-trois sites de baignade sur le fleuve et son affluent. Aboutir à un tel résultat nécessite de redoubler d'efforts pour régler trois problèmes : l'absence de raccordements sanitaires le long du fleuve (péniches, ports), les mauvais raccordements particuliers qui ne respectent pas la réglementation, et l'incapacité à traiter l'eau lors de grosses pluies. Quelque 2 millions de m^3 d'eau sale sont déversés dans la Seine par an du fait des orages. Fort de ce constat, plusieurs initiatives s'additionnent afin d'aboutir au résultat escompté : raccordement au tout-à-l'égout sur les ports pour les bateaux et péniches, obligation d'installation de cuve pour les péniches afin de stoker les eaux usées, aménagement de déversoirs pour les eaux d'orage, création d'un bassin de rétention enterré – 50 mètres de diamètre et 30 mètres de profondeur, sous le square Marie-Curie, près de la gare d'Austerlitz –, renforcement des stations d'épuration, mise en place de filtres ultraviolets… et un important dispositif d'accompagnement technique et financier des particuliers, pour la mise en conformité de leurs raccordements aux réseaux sanitaires.

Cette volonté de faire des Jeux un catalyseur de la révolution environnementale se retrouve dans une autre : la volonté de bouger les lignes pour les personnes en situation de handicap.

Un autre regard sur le handicap

Les JOP vont contribuer à changer en profondeur le regard sur le handicap au sein de la société française, notamment par la réussite des Jeux paralympiques. Les acteurs de Paris 2024 sont animés d'une conviction profonde : le sport invite au bouleversement sociétal.

Sophie Cluzel, secrétaire d'État chargée des Personnes handicapées dans le gouvernement Castex, a raison de dire que « le sport est un formidable vecteur de cohésion sociale. Sur le terrain, les différences s'estompent. [...] Il permet de lever l'autocensure qui peut exister chez certaines personnes[28] ». Pour aller dans ce sens, en avril 2021, en amont des Jeux de Tokyo, l'équipe de France olympique et celle paralympique ont été unifiées afin de constituer une seule équipe de France. Sur les réseaux sociaux, les comptes sont désormais communs autour du hashtag #UneSeuleEquipe. Pour la première fois dans l'Histoire, les Jeux olympiques et les Jeux paralympiques auront le même emblème. Le rôle moteur de Tony Estanguet, Denis Masseglia, Marie-Amélie Le Fur et Roxana Maracineanu doit être salué dans la mise en œuvre de ces évolutions notables. Au-delà des symboles – si indispensables –, tout l'écosystème de Paris 2024 a une certitude : des Jeux olympiques réussis sont des Jeux paralympiques réussis.

En 2024, trois mille volontaires en situation de handicap seront formés pour l'accueil des Jeux. Ce programme des volontaires est une extraordinaire opportunité pour changer le regard sur les compétences des personnes handicapées. « Vous imaginez le pouvoir d'agir des personnes qui diront : “Puis-je vous accompagner ?”, alors que toute leur vie, elles ont entendu cette phrase pour elles-mêmes[29] », explique Sophie Cluzel.

Les Jeux sont porteurs de l'accessibilité universelle sur tous les sites, dans tous les programmes et au cœur de tous les événements de Paris 2024. « L'accessibilité universelle d'un espace, d'un objet, d'un outil numérique, d'un transport, d'une activité, d'un événement et toute prestation correspondent à l'intégration, lors de sa conception, de tous les éléments qui permettront d'éviter aux usagers de se sentir dans une situation de handicap[30]. »

La mise en œuvre de cette accessibilité doit allier esthétisme et praticité. Sur les sites, « on doit faire du beau », voilà le mot d'ordre à la Solideo comme au Cojop. Cette approche nouvelle est en soi une mini-révolution. Elle est une preuve supplémentaire de respect vis-à-vis des personnes en situation de handicap. Dans un pays qui compte 18 % de personnes en situation de handicap[31] – moteur, sensoriel, mental ou psychique –, des millions de personnes à mobilité réduite temporaire ou pérenne et une augmentation exponentielle du nombre de personnes âgées, le sujet de l'accessibilité universelle est un défi majeur. Le relever s'inscrit dans le respect du pacte républicain. Les Jeux vont y contribuer. Ils sont le support d'une révolution inclusive.

En la matière, là aussi, ils servent d'accélérateur, en particulier dans les transports pour prendre en compte toutes les formes de handicap (visuel, auditif, physique…). L'objectif est de doubler, sous l'impulsion de Valérie Pécresse, le nombre de gares 100 % accessible en Île-de-France d'ici à 2024. L'ensemble des bus franciliens le sera également. Les bus parisiens le sont déjà. Quant au métro parisien, s'il serait mensonger de prétendre à une accessibilité totale, pour des raisons techniques et financières, une réflexion est en cours pour en améliorer l'accessibilité, en particulier sur la ligne 6. Ce qui constituera, après la ligne 14, une deuxième étape décisive.

Les Jeux vont être moteurs pour promouvoir les bonnes pratiques et le bon réflexe « accessibilité universelle », en particulier dans l'événementiel, développer le tourisme accessible et la pratique para-sport. Sur ce dernier point, Paris 2024 encourage la rénovation ou la construction d'équipements permettant la pratique handisport. Ce mouvement doit être amplifié. Dans la dynamique des JOP, de nombreuses initiatives sont prises, comme celle du gouvernement Castex – en lien avec le Cojop – de réduire la TVA sur les fauteuils roulants et prothèses de compétition afin de leur imposer un taux similaire aux produits de santé, ou celle de la Mairie de Paris d'aménager des quartiers pilotes 100 % accessibles, et celle du département de Seine-Saint-Denis avec le développement de son offre para-sportive.

Cette détermination à consolider le rôle social et inclusif du sport se retrouve dans la création d'un « fonds de dotation Paris 2024[32] », d'un budget de 50 millions d'euros. Sa participation financière est plafonnée à 50 % du budget du projet soutenu. Il contribue, dans une logique de cofinancement, à « renforcer la place du sport dans trois domaines principaux : santé et bien-être, éducation et citoyenneté ; inclusion, solidarité et égalité[33] ». Il prend en compte divers critères : l'égalité entre les femmes et les hommes, l'impact sur les publics éloignés de la pratique sportive, la fragilité des territoires, la perspective de pérennisation…

Trois types de cofinancement sont prévus selon les projets : innovation sociale au sein d'une fédération olympique ou paralympique avec le CNOSF et/ou le CPSF ; animations sportives proposées par les collectivités locales en lien avec les agences nationales comme l'ANS, Santé publique France… ; appels à projets destinés au mouvement sportif et aux collectivités locales, en partenariat avec l'ANS, le CNOSF et le CPSF. Ce fonds contribuera à renforcer l'empreinte des Jeux sur les territoires.

Cet impact des Jeux se déclinera, en outre, à l'international. *Via* une communication de septembre 2021, le Cojop en a jeté les bases. Un pôle Coopération internationale a été créé à dessein. « Il entend promouvoir des athlètes comme acteurs du changement[34] », en particulier en Afrique, encourager la coopération décentralisée par le sport, faire de Paris 2024 un soutien à l'organisation des Jeux olympiques de la jeunesse à Dakar en 2026 et aider des comités nationaux paralympiques africains pour que leurs athlètes participent aux JOP de 2024.

Avec la même inspiration, un programme « Trêve olympique de Paris 2024 » a vu le jour afin de nourrir la réflexion des organisateurs sur les questions de géopolitique, de solidarité, de sécurité et d'environnement. Le développement de l'apprentissage des langues en général, de l'anglais en particulier, concourt à cette entreprise d'ouverture au monde. La plateforme Qioz, mise en place par la Région Île-de-France, est désormais inscrite dans l'héritage de Paris 2024.

Le New Deal olympique

Dans la même logique, les JOP vont permettre à nombre de nos concitoyens de se former. Pour répondre aux besoins des Jeux, des formations, plutôt courtes, sont octroyées dans divers secteurs d'activité, souvent sous tension : événementiel, sécurité, BTP, logistique, tourisme… L'État, comme la Région Île-de-France, a accompagné ce mouvement.

En parallèle, le Cojop a mis en place l'Académie de Paris 2024, pour former un premier cercle de personnels liés aux Jeux. Il comprend les salariés du Comité d'organisation (quatre mille personnes), les volontaires (quarante-cinq mille), les employés des prestataires (soixante-dix mille) et une partie de ceux des partenaires (dix mille).

Ces dispositifs pourront être octroyés à un second cercle englobant des journalistes, le mouvement sportif et les collaborateurs des parties prenantes. Ils s'articulent autour de trois axes principaux : la « culture des Jeux olympiques et paralympiques », le « développement personnel & management » et les « compétences concernant l'accueil/sécurité ».

L'objectif est également de laisser en héritage une structure et une méthodologie de formation au mouvement sportif. Dans le même esprit, concernant les volontaires, le Cojop s'engage à valoriser leurs parcours. « On travaille à un dispositif de reconnaissance des compétences des volontaires. On innove pour valoriser l'expérience bénévole afin qu'elle soit mieux reconnue[35] », explique Gladys Bézier, directrice de l'Académie de Paris 2024. Cette nouvelle approche sera une révolution dans le monde du bénévolat et du volontariat français.

En partenariat avec Pôle emploi une plateforme digitale Emplois 2024 communique les offres d'emplois liées aux JOP et les parcours de formations *ad hoc*. Cet outil devrait être transmis en héritage pour les grands événements sportifs internationaux à venir.

On estime à cent cinquante mille le nombre d'emplois durables générés par les Jeux[36] : soixante-dix-huit mille dans le secteur de l'organisation – sécurité privée, restauration, spectacle, audiovisuel, transport, logistique, communication, propreté –, soixante mille dans le tourisme – service en salle et d'étage, logistique, accueil –, et douze mille dans la construction. À titre d'exemple, huit mille ouvriers, conducteurs de chantier et ingénieurs s'affairent en 2022 sur les chantiers de la Solideo.

Ces recrutements s'effectuent dans le cadre d'un modèle social inégalé dans l'histoire des Jeux et des grands événements sportifs internationaux. Une charte sociale a été adoptée. Elle illustre comme on l'a dit plus haut l'exemplarité des Jeux. « Les représentants syndicaux et patronaux sont associés à l'organisation des Jeux olympiques. Une première mondiale[37] », salue Bernard Thibaut. Ce texte a été signé par Paris 2024, la Solideo et les partenaires sociaux (CFDT, CFE-CGC, CFTC, CGT, FO, U2P, CPME et Medef). Il prend seize engagements, afin notamment de favoriser l'insertion des publics fragiles, des hommes et femmes éloignés de l'emploi et des personnes en situation de handicap.

Sur les chantiers de la Solideo, 10 % des heures travaillées sont réservées à des personnes éloignées de l'emploi – jeunes sans formation, chômeurs de plus de cinquante ans –, et « cela représente 2,4 millions d'heures d'insertion[38] », rappelle Nicolas Ferrand. En 2021, la Solideo est allée au-delà de ses engagements, avec 13 % d'heures d'insertion pour l'ensemble de ses marchés[39]. Sodexo, en charge de la restauration du village olympique, a décidé de réserver 15 % des heures travaillées à l'insertion.

Les Jeux vont également être un levier de croissance, avec 8 milliards d'euros de budget injectés dans l'économie française *via* le Cojop et la Solideo ; sur ce budget, 5 milliards d'euros relèveront de marchés publics, auxquels s'ajoutent de nombreuses initiatives provenant en particulier des collectivités locales. Ils concerneront une dizaine de secteurs d'activité. Pour celui du tourisme, qui a perdu 85 % de ses revenus entre janvier et mai 2021, les Jeux vont être une aubaine, comme pour beaucoup d'autres.

Surtout lorsque l'on sait la volonté de l'écosystème de Paris 2024 d'ouvrir les marchés des Jeux à tout le tissu entrepreneurial français. Qu'ils s'agissent des grandes entreprises comme des TPE-PME ou des acteurs de l'économie sociale et solidaire. « On fédère l'économie solidaire et les grands groupes, c'est aussi cela l'équipe de France unie[40] », insiste Étienne Thobois.

Pour relever ce défi, des actions importantes ont été menées. À l'initiative du groupe bancaire BPCE, partenaire de Paris 2024, entre 2019 et 2021 une tournée « Entreprendre 2024 » a été organisée partout en France, pour sensibiliser les entreprises aux potentialités qu'offrent les JOP.

Dans cette perspective, des plateformes ont été lancées : Entreprises 2024, initiative portée par le Medef, en lien avec la CPME et l'UP2[41], et ESS 2024, pilotée par l'association Les Canaux[42]. La première a vu s'inscrire plus de seize mille entreprises. La deuxième a référencé plus de quatre mille structures de l'économie sociale solidaire (ESS). Une convention a été signée entre Paris 2024, le centre Yunus[43], la Solideo et l'association Les Canaux afin d'intégrer le mieux possible les entreprises de l'ESS dans la préparation et la réalisation des Jeux. Des *meet-up* ont été animés en ce sens afin de leur faire rencontrer les décideurs de la Solideo et du Cojop.

De même, un quart des marchés de la Solideo est réservé à des TPE-PME. Un tiers des marchés d'accueil, de restauration et de maintenance concernant le siège du Cojop a été attribué à des entreprises de Seine-Saint-Denis. À l'été 2021, deux tiers des marchés de Paris 2024 avaient été gagnés par des TPE-PME et 15 % par des structures de l'ESS. À ce stade, 30 % des marchés de Paris 2024 avaient été distribués. Ils sont répartis entre mille trois cents entreprises prestataires[44].

Le fait de travailler pour les Jeux constitue un sésame pour les individus et les entreprises. Lors d'une rencontre avec des chefs d'entreprise au Medef Île-de-France, en 2018, j'ai le souvenir d'une dirigeante du secteur de la sécurité me disant : « Si dans un CV je vois que la personne a été volontaire aux JOP, cela va m'encourager à l'embaucher. » De même, être prestataires des Jeux voit le champ d'action de ces entreprises s'élargir. Depuis les Jeux de Londres, nombreuses sont les entreprises anglaises à avoir pris des marchés dans l'événementiel mondial. « Quarante entreprises britanniques ont travaillé pour la coupe du monde de football en 2014 au Brésil et pour les Jeux de Rio 2016[45]. »

Des pans entiers de l'économie vont pouvoir bénéficier de cette dynamique (BTP, tourisme, événementiel, sécurité, numérique...). L'impact des Jeux sera étendu.

L'État se prépare d'ailleurs à l'évaluer. Sous la direction du délégué interministériel, treize études d'impact sont menées[46]. Elles concernent la pratique sportive, l'amélioration du quotidien et les conséquences économiques.

D'après une étude du Centre de droit et d'économie du sport de Limoges (CDES)[47], la France doit s'attendre à entre 5 et 11 milliards d'euros de retombées économiques grâce aux Jeux. À travers le pays, ces JOP vont générer de l'énergie positive pour stimuler l'inventivité et la création de richesses. Ils renforceront l'attractivité du territoire France. Ils serviront d'accélérateur au Grand Paris, même si on peut regretter le retard du Grand Paris Express. Ils constitueront une formidable vitrine de l'innovation française et de notre savoir-faire (digital, excellence environnementale, accessibilité universelle…). Les Jeux seront à l'économie du pays ce que la F1 est à l'industrie automobile : un laboratoire d'innovation. Ils donneront un signal incomparable à l'ensemble de la planète pour promouvoir la vitalité française. Il appartiendra à tous de la perpétuer.

Les JOP contribueront à créer les conditions d'un cercle vertueux de la croissance. « Il y a beaucoup de talents dans ce pays. Le but de nos Jeux, c'est d'arriver à les mettre en valeur[48] », proclame Tony Estanguet. Un mouvement que le secteur du sport pourrait amplifier tant les Jeux devraient le booster.

Avant la crise, ce secteur économique était en croissance forte : 7,3 % entre 2016-2018 (contre 5,3 % pour toutes les entreprises). Créateur de richesses et d'emplois – 111 000 entreprises, 450 000 emplois, 2,2 % des effectifs salariés, 2 % du PIB[49] –, le secteur a été particulièrement touché par la crise. Avec une perte de 21 %

d'activité (contre – 8 % pour l'ensemble de l'économie française). Quelque 86 % de ses entreprises ont eu recours à une aide publique[50]. Malgré la brutalité de la crise, 74 % des acteurs du secteur demeurent optimistes ; pour preuve, il a été créé onze mille nouvelles entreprises en 2020[50]. Beaucoup ont su rebondir par la digitalisation et la diversification de leur offre.

Quelque 132 millions d'euros ont été accordés, en novembre 2020, dans le cadre de France Relance, pour un « soutien économique et plan de relance du sport ». Durant la crise, ce secteur du sport a su être résilient. Il est aussi un secteur d'innovation. Il y a eu « plus de quinze mille cinq cents productions scientifiques liées au sport depuis 2010 en France[51] ». Le *sport-tech* a pris un essor considérable. Ainsi, 47 % des 15-24 ans utilisent un objet connecté pour suivre leurs données d'activités physiques[52]. Sans oublier l'explosion du *e-sport*, 7,8 millions de pratiquants en France, accentuée par la crise (+ 16 %). À n'en pas douter, les Jeux vont être un appel d'air pour toutes les entreprises de la filière sport.

Face aux difficultés économiques accumulées avec la crise – augmentation de la dette publique, retour de l'inflation… –, formons le vœu que les JOP soient annonciateurs des « Dix Glorieuses[53] ». Avant la crise, nous avions envie des Jeux ; avec la crise, nous en avons besoin, tant ils vont être un atout pour la relance économique.

Un incroyable legs

On l'aura compris : l'héritage de Paris 2024 est multiface. Il ne peut se résumer à une mesure. Il est pensé en globalité pour accompagner notre pays à relever les défis d'aujourd'hui durables, sociaux, économiques et inclusifs. Il s'inscrit dans la vision du CIO, selon laquelle « l'héritage olympique est le fruit de la mise en œuvre d'une vision commune, issue de la rencontre de deux visions : celle du mouvement olympique qui aspire à édifier un monde meilleur par le sport, et celle d'un territoire qui cherche à concrétiser cet objectif dans un contexte spatio-temporel donné[54] ».

Le legs de Paris 2024 est une somme composée d'ouvrages, d'infrastructures, de méthodes nouvelles, de *process* innovants, d'écrits et de publications. Il engendre un vrai travail intellectuel. Il a pour but de semer de nouvelles pratiques en y associant des valeurs cardinales afin de contribuer à bâtir une société plus solidaire. L'héritage est l'aboutissement de l'idéal olympique. Le passage des Jeux est générateur pour le pays hôte d'ondes positives, de mouvements tangibles et de réalisations concrètes. Soyons convaincus que les Jeux de Paris 2024, si nous nous en donnons collectivement les moyens, apporteront à notre pays une énergie nouvelle. Ils le feront aussi parce que, comme nous l'avons vu, ils constituent une première, en de nombreux points, dans l'histoire de l'organisation des Jeux olympiques. Ces Jeux seront une référence dans les années à venir pour de nombreux secteurs économiques, à commencer par celui de l'événementiel.

Cet héritage durable, social et inclusif, s'intègre au quotidien dans la livraison des JOP. Il se diffuse dans tout l'écosystème des Jeux. Il est au cœur des politiques RSE des entreprises partenaires. Il se retrouve dans les réponses faites par des prestataires potentiels dans le cadre de dialogues compétitifs organisés par le Cojop. Certaines entreprises vont parfois plus loin que la demande initiale, en matière d'exigence dans les domaines sociaux ou environnementaux. Les parties prenantes participent à cette mobilisation générale pour des Jeux utiles à la société française dans son ensemble. La Région Île-de-France a remis une feuille de route dans ce sens, en juin 2018, à Pierre-Olivier Beckers, président de la Commission de coordination des Jeux 2024. Elle a pour fil directeur de faire de la Région un acteur de compétences, de sens et de mobilisation pour les Jeux. L'État a proposé un plan « France 2024 », avec de nombreuses mesures. La Ville de Paris a présenté un programme « Transformations olympiques ». Le conseil départemental de Seine-Saint-Denis a mis sur les rails un plan d'accompagnement olympique autour de l'idée d'accélération de l'engagement, de réussite, de pratique sportive et de transformation du territoire.

Chacun se mobilise. Tous veulent contribuer à décliner la devise olympique – « Plus vite, plus haut, plus fort » – sur le terrain. Plus vite, parce qu'il y a urgence environnementale ; plus haut, parce que nous nous devons d'avoir des objectifs inclusifs plus ambitieux ; plus fort, car nous devons muscler le rôle sociétal du sport dans la France du XXIe siècle.

5

Haussmann en Seine-Saint-Denis

Saint-Denis, 46, rue Proudhon, 20 janvier 2021. Immeuble Pulse. Inauguration du nouveau siège de Paris 2024.

Après avoir eu quelques bureaux au siège du CNOSF au tout début de l'aventure, puis trois étages sur 2 100 m^2, au 96 boulevard Haussmann, dans le VIIIe arrondissement, Paris 2024 s'est installé début janvier 2021 à Saint-Denis, au pied de la station de métro Front populaire. Un an auparavant, la décision de ce déménagement avait été adoptée, à l'unanimité, par le conseil d'administration de Paris 2024[1]. La chose devenait urgente. Le Comité d'organisation était à l'étroit dans ses locaux. Il en était venu à louer des espaces de coworking dans le quartier, entre Saint-Augustin et Havre-Caumartin, pour organiser des réunions.

Ce nouveau siège fut choisi au détriment du Campus SFR à Saint-Denis. Il a pour nom Pulse. Paris 2024 en sera le premier locataire. Il est situé à quelques encablures du Stade de France, du futur centre aquatique et du village olympique. Il sera à 8 kilomètres du centre des médias pour les Jeux, à Dugny. Par fonction et au regard de sa situation géographique, il sera le centre névralgique des JOP.

Outre la localisation, pour aboutir à ce choix la direction du Cojop mena une recherche approfondie et prit en compte plusieurs critères[2] : l'excellence environnementale, la proximité des transports, les conditions financières, la disponibilité du lieu par rapport au calendrier de l'olympiade, la fonctionnalité et la sécurité.

Ce 20 janvier 2021, une inauguration en petit comité fut organisée. Pandémie oblige, nous étions masqués et il n'y eut ni café ni croissant… Étaient présents, à ce rendez-vous matinal, Stéphane Troussel, président du conseil départemental, et Mathieu Hanotin, maire de Saint-Denis et président de Plaine Commune. Tony Estanguet et Étienne Thobois nous accueillirent. Une quinzaine de journalistes couvraient l'événement. Chacun d'entre nous prit la parole dans cette vaste nef de lumière qu'est le rez-de-chaussée de Pulse. Pour ma part, je formai un triple vœu. Celui de voir ce nouveau siège comme l'incarnation de l'esprit de Lima, un lieu de créativité des équipes, et l'adresse de la passion olympique. Le nom du lieu, Pulse – battement du cœur –, ne peut qu'inviter à cette triple ambition.

La direction du Cojop nous invita ensuite à visiter les lieux. Nous déambulâmes à travers de vastes plateaux – sur six étages – alliant belle luminosité, *open space*, lieux de convivialité, salles de réunion, bulles de confidentialité, espaces collaboratifs et agoras.

Nos guides mirent en avant le fait que ce bâtiment était à haute performance environnementale, avec 300 m^2

de panneaux solaires en toiture, la capacité à récupérer 12 000 litres d'eau pluviale, un garage à vélos de 375 places, trente bornes électriques, une alimentation bas carbone pour la cantine professionnelle… Ils nous signalèrent également leur triple volonté d'instaurer le zéro gaspillage alimentaire, le zéro plastique à usage unique et l'achat d'un mobilier écoresponsable.

Pulse sera un temple de l'économie circulaire. Mais aussi une église de la maîtrise carbone, avec une structure en mix béton-bois de 6 000 m^3 qui structure l'édifice tout en répondant aux exigences environnementales les plus avancées. Cerise sur le gâteau de l'ambition écologique du site : un potager sur le toit permettra d'assurer un circuit très court en herbes aromatiques pour le restaurant d'entreprise situé au rez-de-chaussée.

À n'en pas douter, Pulse va devenir une ruche olympique. S'y croiseront, en continu, permanents du Cojop, prestataires, représentants des partenaires, volontaires… Tous les collaborateurs du Cojop n'y travailleront pas. Plus de la moitié seront affectés sur les sites olympiques. Au pic de l'activité de Paris 2024, Pulse accueillera deux mille postes de travail, qui se répartiront sur 28 800 m^2. Les collaborateurs qui y seront auront la chance d'évoluer dans un cadre agréable.

Ce matin-là, nous nous réjouîmes tous de voir Paris 2024 s'installer en Seine-Saint-Denis. Nous saluâmes tous ce choix, qui symbolise le lien fort entre le projet olympique et le développement de ce territoire. Dans un département où un enfant sur deux entrant en sixième ne sait pas nager, le projet olympique prend, plus qu'ailleurs, tout son sens.

Deux ans plus tôt, Valérie Pécresse avait été pionnière en transférant le siège de la Région Île-de-France des beaux quartiers du VIIe arrondissement à Saint-Ouen. Tout comme la Région, en prenant le chemin de la Seine-Saint-Denis le Cojop montra son attachement pour un territoire alliant vulnérabilité et espérance. La Seine-Saint-Denis est un enjeu crucial pour notre pays. C'est le département de France le plus pauvre, le plus jeune et le plus criminogène.

Le 93, terre de contrastes

Avec 1,6 million d'habitants, la Seine-Saint-Denis est aujourd'hui le département au plus fort taux de chômage. Le taux de pauvreté s'y élève à 29 %, près du double de la moyenne nationale[3]. Un jeune de 15 à 24 ans sur trois est au chômage dans le « 93 ». Le taux de chômage y est de 4 points supérieur à la moyenne francilienne. En 2017, la moitié des ménages éligibles au Dalo[4] en région parisienne se trouvait en Seine-Saint-Denis. L'indicateur de développement humain atteint 0,39 contre 0,64 à Paris[5]. C'est dans ce territoire que l'on trouve le plus d'habitat indigne.

Le plus jeune, avec près de 43 % de la population qui avait moins de trente ans en 2018[6]. Actuellement au deuxième rang francilien en nombre d'habitants, sa démographie est dynamique, avec le plus fort taux de natalité de la France métropolitaine : 18,5 naissances pour mille habitants. Selon l'Insee, la population séquano-dionysienne avoisinera 1,9 million de personnes en 2050. Il sera alors sans doute le département le plus peuplé d'Île-de-France du fait du dépeuplement continu de Paris. Il est déjà, avec 6 909 habitants/km^2, le troisième département le plus densément peuplé de France.

Le plus criminogène du pays : le nombre de crimes et délits pour mille habitants est le plus préoccupant de l'Hexagone : 90,3 contre 54,8 en moyenne pour les autres départements métropolitains.

C'est enfin une terre d'immigration. Fidèle à sa tradition de terre d'accueil des immigrés, depuis la fin du XIXe siècle, 23,2 % de la population y est de nationalité étrangère soit 9 % des étrangers résidant en France. Plus de trente-cinq nationalités différentes y vivent, voire y cohabitent. Ce département constitue donc un défi national en termes d'intégration. « Il a un rôle d'intégrateur. C'est son défi permanent[7] », souligne Stéphane Troussel. Il doit servir de sas à la République. Ce territoire mérite un engagement sans faille de la puissance publique.

Un rapport parlementaire des députés François Cornut-Gentil et Rodrigue Kokouendo[8] appela en 2018 à « mieux d'État » en Seine-Saint-Denis et à une meilleure synergie entre les acteurs de la puissance publique.

Pour les deux rapporteurs, « ce département, contrasté et si souvent stigmatisé, fait office de véritable laboratoire d'étude au regard de son dynamisme et de toutes les problématiques qu'il concentre, et des nombreux efforts impulsés par les politiques publiques pour y remédier[9] ». Tout en rappelant les grandes difficultés pour les habitants évoquées plus haut, ce travail parlementaire ne manqua pas de mentionner la vitalité séquano-dionysienne, outre la démographie, en matière économique et culturelle. La Seine-Saint-Denis est « le nouvel Eldorado des grands groupes industriels[10] ». Elle abrite désormais les sièges sociaux de la SNCF, Veolia, SFR, Generali, BNP Paribas, Darty et Ubisoft…

Quant à la Maison de la culture de Bobigny et au Théâtre Gérard-Philipe, centre dramatique national à Saint-Denis, ils constituent deux fleurons de la création et de la programmation culturelle française. L'engagement, toutes tendances confondues, des élus des quarante communes du département fut aussi souligné par les deux parlementaires.

Dans cet espace français où le meilleur se conjugue au pire, une bataille républicaine est engagée. À ce titre, il est faux de dire que la Seine-Saint-Denis est un territoire abandonné par la République. « Je refuse une approche misérabiliste. Il faut dénoncer les inégalités mais aussi agir avec les atouts de la Seine-Saint-Denis[11] », affirme, à juste titre, Stéphane Troussel. Il faudrait plutôt mettre en avant l'action publique plutôt que de la dénigrer.

Ces dernières années, l'État, la Région et les collectivités locales ont multiplié les initiatives et augmenté les moyens pour lutter contre la misère, stopper la précarité et endiguer la violence. En matière d'éducation, pour ne citer qu'un champ de l'action républicaine, le ratio enseignant/élèves est un des meilleurs de France. Il était de 6 enseignants pour 100 élèves, à la rentrée 2020, contre 5,2 pour les Hauts-de-Seine.

Sans oublier une armée d'anonymes, soutenue par l'action publique, composée de bénévoles, d'associatifs, de bonnes volontés et d'éducateurs, qui au quotidien œuvre pour aider la population, encadrer les plus jeunes et soutenir les plus démunis. En eux réside une grande part de la richesse de ce territoire. Ils contribuent à construire la Seine-Saint-Denis de demain. L'ambition commune est claire : faire passer ce territoire d'un Bronx à la française à un nouveau Brooklyn francilien. Cela mettra dix ans, peut-être plus, mais on y arrivera.

« Le renouveau de New York ne s'est pas fait par Manhattan mais par Brooklyn. Le renouveau du Grand Paris passe par ce territoire jeune, ouvert au monde, avec encore des espaces à reconquérir et à réaménager[12] », revendique avec conviction le président du conseil départemental de Seine-Saint-Denis.

Pour atteindre cet objectif, l'État se doit de montrer l'exemple. Il se doit d'être plus performant. Selon Stéphane Troussel : « Il doit pouvoir mieux s'adapter en permanence à l'évolution rapide de ce territoire[13]. » Et d'ajouter : « En Seine-Saint-Denis, il était inimaginable de s'appuyer uniquement sur Doctolib pour vacciner les gens. Avec le préfet Leclerc, nous avons fait preuve d'imagination, j'ai recruté des jeunes pour répondre à une plateforme téléphonique afin d'enregistrer les demandes de rendez-vous. En parallèle, la préfecture a organisé un vaccinodrome au Stade de France. Et cela a parfaitement fonctionné. »

Le but est d'avoir en place une fonction publique plus aguerrie et plus chevronnée. Dans la police comme dans l'enseignement, la Seine-Saint-Denis est souvent la première affectation. En 2019, on notait que 64 % des enseignants étaient des néo-titulaires contre 21 % au niveau national. Ces jeunes recrues se heurtent de plein fouet à la difficulté d'un terrain. Beaucoup font preuve d'opiniâtreté mais certains peuvent se décourager. De même, ce territoire souffre d'un manque d'attractivité. Beaucoup de postes sont vacants faute de candidats : 50 % des médecins scolaires, 9 % des effectifs de la

Bac… Pour pallier ces carences, des mesures incitatives ont été prises récemment, afin de fidéliser les fonctionnaires et d'encourager l'installation d'agents plus expérimentés dans le département.

En parallèle, la puissance publique est au rendez-vous, en réalisant des chantiers importants ; comme la rénovation complète du musée de l'Air au Bourget, qui deviendra un musée ultramoderne de l'Air et de l'Espace ; voire colossaux, comme le nouveau campus Condorcet – la Cité des humanités et des sciences sociales –, le futur Hôpital Nord à Saint-Ouen prévu pour 2028, vingt-trois gares du Grand Paris et trente-huit chantiers Anru[14].

« C'est une période haussmannienne en Seine-Saint-Denis[15] », dixit Georges-François Leclerc, préfet du département de 2019 à 2021. Aujourd'hui préfet de la Région Hauts-de-France, ce grand serviteur de l'État, pour qui l'intérêt général comme l'exigence républicaine ne se négocient pas, aura été un acteur majeur pour la mise en place du programme de la Solideo dans l'espace séquano-dionysien. « Être l'esclave des JOP aura été ma fierté[16] », me confiera-t-il.

Il est vrai que son rôle fut déterminant, en alliant humanisme et fermeté, pour régler des conflits inhérents à ce type de projet – relocalisation d'un foyer Adef de travailleurs immigrés, réorganisation des locaux de l'école Supméca, opposition à l'échangeur de l'A86… – et la délivrance en un temps record de plusieurs dizaines de permis de construire ou de démolition. Grâce à lui et à bien d'autres – en particulier au président Nicolas Sarkozy, avec son audace de lancer les travaux du Grand Paris –, l'haussmannisation de ce département est en route.

La réalisation d'un rêve urbain

Dans ce projet gigantesque, l'apport de Paris 2024 va être fondamental. Les Jeux vont être au cœur de la réalisation d'un rêve urbain. Ainsi, 80 % de l'investissement public pour les Jeux est destiné à la Seine-Saint-Denis ; 78 % du programme de la Solideo y sera réalisé, soit près de 3 milliards investis, dont 1 milliard d'argent public et 2 milliards par des promoteurs privés. Et 75 % de son budget y sera consacré. Quarante-quatre ouvrages olympiques sur soixante-trois seront dans ce département.

À l'instar de la construction du centre aquatique à Saint-Denis ou du mur d'escalade au Bourget, ces chantiers concerneront en partie des infrastructures sportives, mais beaucoup seront surtout des réalisations pour améliorer le quotidien des habitants. À l'image de la colline d'Élancourt (Yvelines), du stade Yves-du-Manoir rénové à Colombes (Hauts-de-Seine) et du Stade nautique olympique à Vaires-sur-Marne (Seine-et-Marne), ces nouveaux édifices sportifs seront, en phase héritage, des lieux d'accueil pour le sport performance et la pratique de tous. Dans le but de faciliter la pratique sportive de tous, grâce à la venue des Jeux, on rénove de nombreuses structures locales, comme les complexes sportifs Pablo-Neruda à Saint-Ouen, Auguste-Delaume à Saint-Denis, de l'Ile-des-Vannes ainsi que la Grande Nef, et on crée un nouveau gymnase au Bourget.

Un « plan piscine en héritage » confortera cette dynamique et le développement indispensable du savoir nager dans le « 93 ». C'est impératif, dans un département qui détient trente-six bassins pour 1,6 million d'habitants, soit le moins bien doté de France. Au lendemain des

Jeux, des bassins issus du site de compétition à Paris La Défense Arena pourraient être réinstallés : un de 50 mètres à Sevran, deux de 25 mètres répartis entre Pierrefitte-sur-Seine et Bagnolet… À cela s'ajoutent les rénovations conséquentes de la piscine Maurice-Thorez à Montreuil, du centre aquatique de Marville à Saint-Denis, la reconstruction du centre aquatique d'Aulnay-sous-Bois et la construction de la piscine du fort d'Aubervilliers.

Le fleuron de ce nouvel élan pour la natation sera le Centre aquatique olympique (CAO). Sa maîtrise d'ouvrage est assurée par la Métropole du Grand Paris. Situé au centre de la Zac Plaine Saulnier, sur une emprise de 2,4 hectares, face au Stade de France, à Saint-Denis, il est l'équipement sportif le plus imposant en cours de construction pour les JOP. Il sera cependant moins pharaonique que le projet initialement prévu dans le dossier de candidature.

À l'origine, il était prévu de faire un lieu unique pour toutes les disciplines de natation, avec une capacité de quinze mille places, pour répondre aux normes de la Fédération internationale de natation. Comme nous l'avons mentionné, le rapport des trois inspections invita à plus de sobriété. À la sortie dudit rapport, une polémique inutile eut lieu, mettant en cause à tort la Métropole du Grand Paris quant au gigantisme de l'entreprise.

La MGP, créée en janvier 2016, avait accepté la proposition de Jean-François Carenco, alors préfet de l'Île-de-France, d'en assumer la maîtrise d'ouvrage conformément à la loi NOTRe. Cette loi, promulguée en août 2015, autorise les métropoles à être bâtisseur de grands équipements sportifs ou culturels à vocation nationale et internationale. Mais la MGP n'avait été en rien associée au projet de candidature. « Il y eut donc méprise[17] », rapporte aujourd'hui le préfet Paul Mourier, directeur général des services de la MGP. Patrick Ollier, président de la MGP, prit soin de rétablir la vérité et d'associer en amont tous les cofinanceurs du projet pour choisir le lauréat de ce marché concessif. C'est un groupement piloté par Bouygues Construction qui l'emporta, à l'unanimité du jury.

À l'identique des ouvrages de Vaires-sur-Marne ou de la porte de la Chapelle, ce nouveau CAO sera également un lieu d'expression pour le sport de haut niveau et pour le sport pour tous. Au lendemain des Jeux, il accueillera les sections de natation et de plongeon de la Fédération française de natation. Dans le même temps, chacun, à un prix très accessible, pourra y pratiquer différents sports.

Conçu comme un « écrin de bois suspendu dans le ciel[18] », ce bâtiment répondra aux normes de l'excellence environnementale les plus avancées : alimentation par 90 % d'énergie renouvelable ou de récupération, 5 000 m^2 de panneaux photovoltaïques, maîtrise de la consommation d'eau, récupération de 50 % des eaux utilisées, plantation d'une centaine d'arbres… L'ensemble sera modulable.

En phase olympique, ses gradins pourront loger six mille spectateurs autour d'une piscine de 50 mètres avec dix lignes d'eau et un bassin pour le plongeon de 22 par 25 mètres. Après les Jeux, le complexe pourra varier sa capacité d'accueil entre deux mille cinq cent et cinq mille spectateurs. Aux deux premiers bassins seront rajoutés une piscine de 25 mètres, ayant 1,3 mètre de profondeur, destinée à l'apprentissage de la natation, des espaces pour des activités aqualudiques et de fitness, un mur d'escalade, des terrains de sport de différentes tailles – foot à cinq, basket à trois… – et un *skatepark* sur le parvis. Une fois réalisé, ce CAO va changer le visage de la Zac Plaine Saulnier. Ce magnifique projet d'aménagement du territoire générera un vaste ensemble sportif harmonieux entre le Stade de France et le CAO. La frontière de l'autoroute A1 aura disparu.

Au-delà de ces investissements pour le développement de la pratique sportive en Seine-Saint-Denis, les travaux programmés grâce aux Jeux vont contribuer à rendre le quotidien des Dionysiens plus facile et donc plus agréable.

Stéphane Troussel, président du département, a raison de rappeler que « ces Jeux vont permettre de réparer un certain nombre de fractures. Je pense à des passerelles, à l'enfouissement de lignes haute tension, à des murs antibruit le long de l'autoroute, à la réalisation d'espaces verts en ville, à des équipements sportifs[19]… ».

Il aurait pu mentionner aussi l'échangeur de l'A86, qui va « pacifier » le quartier Anatole-France aux portes de Paris. Certains ont voulu s'y opposer, arguant de la proximité d'une école. Ce projet d'aménagement prévoit la fermeture, durant les Jeux, puis la déconstruction d'un jeu de bretelles d'accès et de sortie depuis l'A1 au niveau de la porte de Paris, et la création de nouvelles bretelles permettant de rétablir les fonctionnalités d'échange avec l'A86 au niveau de l'échangeur Pleyel. Une étude approfondie de la préfecture de police considéra « comme nécessaire de mener à son terme le projet de réaménagement des échangeurs porte de Paris et Pleyel avant le début de l'année 2024[20] ».

Deux raisons motivèrent cette approche. D'abord, le projet est crucial pour la fluidité de la circulation et la sécurité du transport des athlètes. Rappelant la « saturation systémique[21] » des nationales 410 et 412, la préfecture de police mit en avant que « la non-livraison des échangeurs serait problématique pour la desserte du village, du CAO et du Stade de France[22] ».

Ensuite et surtout, dans un quartier qui connaît une forte rénovation urbaine, il apparaît vital de désengorger la circulation. Le boulevard Anatole-France – situé sur la RD410 – à Saint-Denis sert aujourd'hui de voie de transit de l'A1. Avec trente-cinq mille véhicules par jour, c'est la voie non autoroutière la plus chargée du département. Cet échangeur est indispensable à la réussite des Jeux mais, en prime, il sera un héritage conséquent pour la qualité de vie des habitants concernés. Dommage que des associations soi-disant écologiques n'aient pas vu cette évidence. Heureusement, la justice trancha pour le maintien du projet.

Il aurait été une grande erreur de ne pas faire cet échangeur. Céder à une minorité aurait eu pour conséquence de ne plus être en capacité de faire évoluer l'Île-de-France sur de nombreux sujets. On peut se réjouir que la vision minoritaire de quelques-uns ne l'ait pas emporté sur l'intérêt général. Les préfets d'Île-de-France, de police et de Seine-Saint-Denis y ont veillé avec devoir et fermeté, appuyés par la Région Île-de-France et les élus concernés. En outre, du fait du retard du Grand Paris Express, l'utilité de l'échangeur en a été raffermie.

Le choix de l'audace

Ces Jeux vont changer la ville pour changer la vie. Le projet du village olympique et paralympique l'illustre très bien. Il est le symbole de l'engagement olympique pour la Seine-Saint-Denis. Il va constituer le premier chantier monosite de France pour les deux ans à venir. Il nécessita la délivrance de vingt-six permis de construire. Il mobilisera dix maîtres d'ouvrage, quarante grues, quatre cents conducteurs d'engins par jour et plus de quatre mille salariés. Il sera la vitrine du savoir-faire et de l'innovation du BTP français. Il aura été à l'origine de la plus grande maquette numérique réalisée en Europe. Il va engendrer des travaux colossaux, d'abord de démolition puis de construction.

En mars 2021, la Solideo revendiquait 26 300 tonnes de béton déjà concassées et, globalement, le recyclage de 94 % de tout ce qui était physiquement présent sur site, des dalles de moquette aux fondations… 125 000 tonnes de déblais avaient été évacuées par voie fluviale, évitant ainsi l'équivalent de 6 250 camions sur les routes.

Ce village sera à cheval sur trois communes : Saint-Ouen, Saint-Denis et L'Ile-Saint-Denis. Ce choix de lieu aurait pu être différent. Il aurait pu se situer ailleurs en Seine-Saint-Denis. L'hypothèse de l'implanter sur les communes du Bourget et de Dugny ou à Pantin-Est avait été étudiée. On prit en compte également, pour décider, que le projet du village s'inscrivait dans un ensemble plus vaste de réaménagement de Plaine Commune autour du Stade de France.

À la différence du projet de Paris 2012, il n'a pas été question de l'installer dans Paris intra-muros. Faute de foncier ! Souvenons-nous, c'est grâce à cette candidature pour les Jeux de 2012 que naquit le nouveau quartier des Batignolles. Si nous avions obtenu les Jeux, à l'époque, le Village des athlètes aurait été situé dans ce nouveau quartier de Paris.

En revanche, une solution plus simple aurait pu être de l'établir en Seine-et-Marne. Il n'était pas difficile d'imaginer pour la puissance publique d'acheter 50 hectares – par exemple à un betteravier – le long d'une ligne de RER afin de construire le futur village olympique dans ce département. Il y aurait eu un coût, mais aucune contrainte. On aurait simplement créé une ville nouvelle, sans âme. Mais force est de constater qu'une telle décision aurait manqué d'audace et, surtout, n'aurait eu aucun impact social et sociétal.

Durant la phase de candidature pour l'obtention des Jeux, sous l'impulsion du préfet Jean-François Carenco, alors préfet de la Région Île-de-France, en lien avec la direction du GIP Paris 2024 et Anne Hidalgo, le choix a été tout autre. Il a été celui de la difficulté et de la hardiesse. « Ce choix a été naturel. Il n'a posé aucune question au sein de l'appareil d'État, tant ce projet s'insère dans un projet d'urbanisation cohérent[23] », se souvient Jean-François Carenco. Et il a l'ambition de faire opérer la magie des Jeux, en transformant un ancien terrain maraîcher dionysien, actuellement zone oubliée, diverse et déshéritée, en un levier de la construction et de la renaissance de la Seine-Saint-Denis.

Le Village des athlètes

Sous le regard conjoint d'Édouard Philippe, Premier ministre en exercice, d'Anne Hidalgo, de Stéphane Troussel, de Jean Castex, alors « dijop », de Tony Estanguet, de Sophie Cluzel, de Patrick Braouezec, de Georges-François Leclerc et de bien d'autres, les premiers coups de pelleteuse eurent lieu le 4 novembre 2019 pour débuter la démolition des sites. Chacun d'entre nous reçut une petite plaque de bois pour immortaliser le moment, sur laquelle étaient gravés les logos des financeurs, des signalétiques propres aux chantiers et l'épigraphe « Lancement des travaux du village olympique et paralympique 04.11.2019 ».

Ce vaste chantier se découpe en trois secteurs.

Le 22 du même mois, le jury se réunit pour choisir les maîtres d'ouvrage des bâtiments du village olympique et paralympique – sur la ville de Saint-Ouen – en l'hôtel de Noirmoutier, rue de Grenelle, résidence du préfet de la Région Île-de-France. Sous la présidence conjointe de Michel Cadot, préfet de Région, et de Jean Castex, l'ensemble des cofinanceurs siégeaient autour de la table. J'y représentais, à nouveau, la Région. L'architecte du projet, Dominique Perrault, participait aussi naturellement à ce jury.

À l'unanimité, nous désignâmes deux groupements, Icade et Nexity-Eiffage. Il faut savoir que ce chantier est réparti en différents lots. Le premier obtenu, le lot D (645 logements, 9 300 m^2 de bureaux, un espace de 3 000 m^2 dédié au sport et à la culture) ; le second, le lot E (527 logements et 13 500 m^2 de bureaux, 1 000 m^2

pour la pratique sportive). Ces deux premiers lots représentent un tiers du village olympique.

Le 5 décembre de la même année, un autre jury se rassembla, présidé par Patrick Braouezec, pour accorder au groupement Pichet-Legendre le chantier de l'écoquartier fluvial à L'Île-Saint-Denis (325 logements, 10 000 m^2 de bureaux, un pôle nautique, un hôtel de 135 chambres…).

Quant au dernier secteur, comprenant les lots A et B sur la ville de Saint-Denis, le terrain appartenant à la société Vinci ce chantier ne fut pas soumis à la concurrence. Ce secteur occupe un tiers du village. Vinci, en sa qualité de propriétaire, se charge de construire le projet *Universeine* (1 200 logements, 50 000 m^2 de bureaux qui accueilleront des services centraux du ministère de l'Intérieur). Ce nouvel ensemble sera relié à l'écoquartier de L'Île-Saint-Denis par un pont au-dessus du grand bras de Seine.

La Solideo sera le maître d'ouvrage pour l'aménagement de l'espace public sur la partie Saint-Ouen et Saint-Denis tout en coordonnant les autres maîtres d'ouvrage, ceux des chantiers immobiliers comme ceux des ouvrages spécifiques (mur antibruit de 500 mètres, dragage du bras de Seine, aménagement de l'espace public sur L'Île-Saint-Denis, enfouissement de lignes à haute tension…).

Plusieurs critères motivèrent les décisions des deux jurys mobilisés : le respect des équilibres financiers relatifs au programme de la Solideo, l'avis des citoyens consultés, l'excellence environnementale des projets présentés, la qualité de l'accueil pour 15 000 athlètes qui logeront au village olympique et paralympique en 2024, et enfin la projection en format héritage du site. Après le vote du jury – pour les lots D et E –, Dominique Perrault en résuma la vision collective, celle « de donner à ce projet une valeur holistique avec de l'architecture, de l'économie, de l'environnement et avec une histoire[24] ».

Ce projet sera conséquent. Tous lots confondus, il générera au total, sur 52 hectares, 2 700 logements, des îlots de fraîcheur, 7 hectares d'espaces verts, 13 500 m^2 de services publics – crèche, école, gymnase… –, 900 résidences pour étudiants ou personnes âgées, un quartier écofluvial le long de la Seine, 130 000 m^2 de bureaux, 4 000 m^2 de pieds d'immeuble à vocation commerciale…

À l'image de l'immeuble Pulse et de la stratégie héritage du Cojop, ce village olympique constituera un laboratoire de l'excellence environnementale. Lors du conseil d'administration de la Solideo du 13 octobre 2020, une présentation, aussi rigoureuse qu'enthousiaste, nous fut faite par Nicolas Ferrand, directeur général de l'établissement public. Elle s'articula autour de trois idées fortes : la neutralité carbone à horizon 2050, la résilience climatique et le développement de la biodiversité.

L'objectif est d'y réduire de 50 % les émissions par rapport à un aménagement classique. Il est en outre « d'inventer le confort dans les conditions climatiques de 2050[25] » en anticipant et en modélisant les dérèglements climatiques. Dans cette perspective, des « constructions frugales » en matière de dépenses énergétiques sont prévues. Sur ces chantiers, on utilise des matériaux biosourcés, 31 000 m^3 de bois et du béton bas carbone. On y valorise la filière sèche, tout en recourant le plus possible à l'économie circulaire. Quant à l'accroissement de la diversité biologique, il se réalisera *via* des toitures végétalisées, une meilleure gestion des eaux fluviales et la valorisation de la flore et de la faunc localcs.

Ce nouveau quartier permettra de générer un nouveau lien avec le fleuve. Par le passé, l'eau était utile pour l'industrie et non pour les habitants. Le fleuve était au service de la production et du transport des marchandises. Saint-Denis, comme L'Île-Saint-Denis, tournait le dos à la Seine. Avec les réaménagements prévus, le fleuve viendra à la rencontre des habitants, pour le développement de la pratique sportive nautique, la balade, le bien-être, la flânerie…

En même temps, sous l'impulsion de la Région Île-de-France, le lycée Marcel-Cachin sera entièrement reconstruit. Il le sera – par la volonté de Valérie Pécresse – autour d'un projet pédagogique, en partenariat avec le rectorat de Créteil, lié aux métiers de l'olympisme. Ce lycée polyvalent accueillera mille deux cents élèves en filière générale, technologique ou professionnelle. Il créera la première pierre fondatrice d'un réseau d'établissements autour des filières du sport. À ses côtés, un campus d'excellence dédié à l'économie du sport, installé par la Région, verra le jour en 2026. L'ensemble sera incorporé dans le nouveau quartier issu du village olympique.

Le « cluster des médias »

L'autre grand projet d'aménagement olympique concerne le « cluster des médias ». Il sera au carrefour des villes de Dugny, du Bourget et de La Courneuve. Durant les Jeux, il servira de gîte à 2 800 techniciens des médias du monde entier. Le centre de presse sera à deux pas du parc d'exposition Paris-Le Bourget.

En phase héritage, c'est là aussi un nouveau quartier qui émergera, avec 1 300 logements, 1 000 m^2 de commerce, une école et un gymnase sur le territoire de la ville de Dugny, la reconstruction d'une école ainsi que la rénovation – avec de nouveaux équipements – d'un complexe sportif au Bourget et l'agrandissement du parc Georges-Valbon à La Courneuve, par la renaturation du Terrain des essences.

Avec 400 hectares, il sera le troisième espace vert par sa dimension, après les bois de Boulogne et de Vincennes, dans la petite couronne. Une passerelle à mobilité douce, reliant Dugny au Bourget, voulue par le maire de Dugny, avec le soutien financier de la Métropole du Grand Paris et du département, complétera le dispositif et assurera l'unité de ce nouvel ensemble.

Les Jeux doivent aussi servir à effacer les coupures urbaines. Dans un univers citadin qui jusqu'à présent était dédié à la voiture, c'est un changement radical qui s'opère dans cette partie de la Seine-Saint-Denis.

La terre séquano-dionysienne sera aussi un lieu d'exploits. Ainsi, 23 % des épreuves olympiques et 37 % des paralympiques s'y dérouleront. Elle accueillera les épreuves d'athlétisme – le sport roi des Jeux –, la natation artistique, une partie du tournoi du water-polo, l'escalade, le rugby à sept et le tir. De même, le marathon paralympique et la course de cyclisme sur route paralympique y seront organisés. Il en sera de même pour l'épreuve grand public de cyclisme sur route.

À ceux qui disent que les Jeux ne servent à rien, le projet olympique en Seine-Saint-Denis constitue la meilleure des réponses. Ce territoire le mérite. C'est une pépite de la République qui reste à polir. Malgré ses nombreuses souffrances, il est une espérance. Il constitue une preuve tangible que l'action publique alliée au projet olympique peut changer, par endroits, la vie de la cité. Sur la façade de l'hôtel du département, il est inscrit : « En Seine-Saint-Denis, Jeux olympiques et paralympiques, accélérateur d'histoire(s). » Dans ce territoire d'une extrême jeunesse, il revient à tous d'accélérer. Oui, c'est incontestable, les Jeux seront un tournant historique pour ce département.

6

De la politique

Saint-Denis, 27 février 2018. Stade de France. Réunion du Conseil olympique.

Dans l'enceinte légendaire de Saint-Denis, à la toiture en ellipse, nous nous retrouvâmes cet après-midi-là autour du président de la République pour un premier comité olympique. Emmanuel Macron était accompagné de plusieurs membres du gouvernement : Sophie Cluzel, Gérald Darmanin, Julien Denormandie et Laura Flessel. L'occasion de faire un point d'étape entre l'État et les différentes parties prenantes.

Nous accueillîmes le chef de l'État dans les sous-sols du stade, là où arrivent les bus des équipes. Nous empruntâmes ensuite le chemin mythique de la « bande à Zidane », *via* le couloir des joueurs, jusqu'à la pelouse. « C'était un moment inoubliable de voir le président de la République et tous les acteurs de Paris 2024 fouler la pelouse du Stade de France[1] », se remémore Stéphane Troussel trois ans plus tard.

Cette émotion se comprend d'autant plus que, pour les élus de Seine-Saint-Denis, la construction du stade constitua le premier étage de la fusée du renouveau de leur territoire. Plus de vingt-cinq ans après[2], les Jeux seront le deuxième étage de cette fusée de la révolution urbaine. Cet édifice est une fierté dionysienne. Hommage doit être rendu à Patrick Braouezec qui s'était fortement mobilisé, à l'époque, pour l'installation du stade à Saint-Denis.

Sous la conduite de ce dernier, qui servit de guide au président comme à nous tous, nous rejoignîmes *via* les tribunes les salons d'honneur, où était disposée une série de panneaux représentant les grands chantiers à venir des Jeux. Nicolas Ferrand, comme directeur général de la Solideo, fit une présentation des projets, de l'organisation et du calendrier.

Ensuite, nous nous installâmes autour d'une grande table ovale afin d'échanger avec le président. Dans une ambiance cordiale et républicaine, Emmanuel Macron dit en introduction : « Je souhaite vraiment que l'État, au niveau national et au niveau local, soit exemplaire pour toujours chercher le dialogue et qu'avec toutes les parties prenantes autour de la table nous puissions continuer à avoir cette très grande solidarité jusqu'à l'organisation des Jeux. La deuxième chose, c'est la franchise de pouvoir partager à chaque étape du processus la vérité sur les coûts que nous devons affiner, les délais que l'on doit préciser. Je crois que c'est très important que, dès aujourd'hui, on puisse avoir un échange très direct sur les détails de tous ces éléments[3]. » Un tour de table consensuel s'est ensuivi. Tous saluèrent le rôle de facilitateur de Jean Castex, alors « dijop ». Chacun s'accorda sur l'opportunité extraordinaire que représentent les JOP pour notre pays.

Comment allons-nous collectivement la saisir ? Allons-nous nous limiter à une réussite organisationnelle des Jeux ?

Des conditions réunies pour un succès organisationnel

À la question : « La France va-t-elle réussir l'organisation de ce rendez-vous extraordinaire ? », je réponds six fois oui.

Oui, parce que notre histoire l'incarne. La France est la deuxième puissance olympique de l'ère moderne des Jeux. Derrière les États-Unis, c'est notre pays qui a accueilli le plus souvent les Jeux olympiques d'été ou d'hiver. Après les éditions parisiennes de 1900 et 1924, les Jeux d'hiver de Chamonix en 1924, de Grenoble en 1968 et d'Albertville en 1992, Paris 2024 est la sixième olympiade sur notre sol. Los Angeles 2028 en sera la neuvième en terre étasunienne.

Oui, parce que nous disposons d'une solide expérience en matière d'organisation de grands événements sportifs internationaux (Gesi). Selon Business France, « la France est championne du monde des événements sportifs[4] ». Ces vingt dernières années, nous avons accueilli soixante compétitions internationales, comme le Championnat d'athlétisme en 2003, l'Euro de football en 2016, les Championnats du monde de handball en 2017, la 42e édition de la Ryder Cup en 2018, la Coupe du monde féminine de football en 2019… En amont des Jeux, en 2023, se dérouleront en France la Coupe du monde de rugby – troisième événement sportif au monde par son envergure – et les Championnats du monde de ski alpin. Difficile d'être mieux préparé pour recevoir le plus grand événement au monde !

Oui, parce que notre pays bénéficie d'externalités positives qui en font une des nations les mieux dotées de la planète. Nous disposons des réseaux de transport, de télécommunication et d'énergie parmi les plus denses du monde. C'est pourquoi nous sommes l'un des pays les plus attractifs : première destination touristique mondiale, premier pays européen pour des projets de recherche et développement portés par des entreprises étrangères, premier pays d'accueil en Europe pour des investissements étrangers créateurs d'emplois[5]... Sans oublier notre exceptionnel patrimoine, notre qualité de vie et la compétitivité de notre économie, qui sont autant d'atouts pour accueillir le monde en 2024 et montrer toute notre dextérité en la matière.

Oui, parce que la France dispose également de grands préfets capables, au nom de l'État, de coordonner la puissance publique d'un tel événement, à commencer par le délégué interministériel en charge du dossier. En sa qualité d'ancien préfet de police, il saura résoudre avec un grand professionnalisme les problématiques de sécurité. Elles seront nombreuses : la sécurisation de l'espace public, la grande sollicitation des forces de l'ordre, les cyberattaques potentielles, la gestion des flux, la menace terroriste qui malheureusement reste d'actualité... Un préfet à la sécurité des Jeux a d'ailleurs été nommé pour accompagner le « dijop » et le préfet de police dans cette délicate mission. Le poste a d'abord été occupé par Pierre Lieutaud. Il l'est aujourd'hui par Ziad Khoury.

De même, nous avons des ingénieurs reconnus pour leur professionnalisme, notamment au sein de la Solideo et de nos leaders du BTP. Les chantiers, avec une exigence sociale forte, seront achevés dans les délais. Malgré la crise, à vingt mois de la livraison prévue des infrastructures, les clignotants sont au vert. Ils devraient tous être livrés dans les délais impartis.

Oui, parce que les budgets – nous l'avons démontré – ont été arrêtés, votés par les collectivités et l'État en associant sobriété et ambition pour l'héritage. La septième puissance économique du monde a les ressources publiques et surtout privées pour soutenir un tel événement.

Oui, enfin, parce que l'équipe de Paris 2024 a démontré tout son savoir-faire, autant dans la phase de candidature que depuis l'obtention des Jeux en 2017. Étienne Thobois, directeur général de Paris 2024, y veille. Cet ancien « badiste » international[6], chaleureux et hyperprofessionnel – qui ne déteste pas les conversations musclées –, est habité par la réussite des JOP. Sans oublier que Paris 2024 est le premier Cojop à être doté d'une direction de la Création.

Bien sûr des obstacles, des erreurs éventuelles et des aléas relatifs aux travaux sont toujours possibles. Par nature, toute construction humaine est perfectible. Paris 2024 n'échappe pas à cette règle. Mais, à la fin des fins, n'ayons aucun doute, la France sera au rendez-vous de 2024. N'en déplaise aux déclinologues de tout poil, nous allons organiser ces Jeux avec ce talent qui est le fruit du génie français. Il est au passage assez frappant de noter que ce sont souvent les mêmes qui parlent d'affaiblissement de la France et s'opposent aux Jeux. Comme si les adeptes du « tout va mal » se refusaient à voir la France briller.

Une aventure humaine colossale

En revendiquant cette confiance dans le succès technique des Jeux, loin de nous l'idée de minimiser le côté colossal de cette aventure humaine. En termes d'organisation, les Jeux correspondent à l'ascension de l'Everest par la face nord. Les plus chevronnés des alpinistes vous diront que l'on entre ainsi dans l'univers de la transcendance. C'est une somme de défis. Il en est de même pour les Jeux. « Selon les Américains, c'est l'événement le plus complexe en temps de paix à organiser[7] », rappelle Étienne Thobois.

Les Jeux consistent à organiser quarante-trois championnats du monde en même temps. Pour y arriver, tout est en démesure. Tout est gigantesque. Il faudra accréditer deux cent quarante mille personnes (collaborateurs, prestataires, volontaires, officiels…), soit l'équivalent de la ville de Bordeaux. Chaque accréditation fera l'objet d'une enquête administrative, pour des raisons évidentes de sécurité. Quarante-deux mille chambres d'hôtel sont réservées, soit l'équivalent de la moitié du parc hôtelier de Paris. Une telle entreprise nécessite la signature de cinq cents contrats avec des hôtels différents. En même temps, il s'agira de gérer le plus grand hôtel du monde, avec dix-sept mille lits au village olympique pour accueillir les athlètes et leur encadrement. 1,2 million de repas y seront servis.

Pour faciliter la communication entre tous, le Cojop a demandé soixante mille fréquences à ANFR[8]. En comparaison, les organisateurs du Tour de France en utilisent mille deux cents. De même, le Cojop fera appel à quarante-cinq mille volontaires. Il faudra les sélectionner, les équiper en uniforme et les former sur les Jeux, par métier, par site et par fiche de poste.

Le Cojop va également recourir à vingt-deux mille agents de sécurité privée pour protéger les sites de compétition et gérer les flux. Certaines opérations seront complexes, comme celle consistant à remplir deux fois par jour le Stade de France de quatre-vingt mille spectateurs, durant dix-sept jours. Lors des Championnats du monde d'athlétisme, en 2003, le stade avait été occupé deux jours de suite avec un seul « remplissage » par journée. Dans l'histoire de l'enceinte de Saint-Denis, cela avait été l'événement le plus contraignant en termes d'organisation. Avec les Jeux, on change radicalement d'échelle.

Dans un registre similaire, quatre mille véhicules légers et mille bus seront utilisés. S'ils étaient mis bout à bout, ils couvriraient la longueur du périphérique parisien. Quelque 1,2 million de matériels sportifs – balles, ballons, filets, agrès… – seront nécessaires. Ils feront l'objet de dons au lendemain des Jeux, à des associations et au mouvement sportif.

En énumérant ces chiffres, nous sommes loin d'être exhaustifs. Je vous laisse cependant imaginer ce que tout cela représente en matière de *project management*, de pilotage, de tableaux de bord, de planning ou encore de *reporting*. Mais au risque de surprendre, je n'ai pas de doute sur la capacité des collaborateurs du Cojop à réussir ce pari audacieux. Ces « possibleurs[9] » considèrent qu'ils participent à l'aventure collective d'une vie. Ces équipes bouillonnent d'enthousiasme, de jeunesse, de compétence, de rigueur et d'imagination. Cette remarquable intendance opérationnelle doit ouvrir la voie à plus d'ambitions.

Voulons-nous nous contenter d'une réussite technique des JOP ? Voulons-nous en faire un succès politique pour tout un pays ? Au sens de changer les choses pour le bien commun. Au sens platonicien de vouloir générer plus d'unité et d'harmonie dans notre pays. Les Jeux offrent cette possibilité. C'est en cela qu'ils sont une chance extraordinaire pour toute une nation. C'est en cela qu'ils nous donnent une formidable opportunité.

Des Jeux non politisés mais politiques

Il revient au politique de s'en emparer davantage. Le politique, au sens noble du terme, ne peut être absent des Jeux. « Si on veut que les Français s'approprient les Jeux, il faut un travail politique en amont[10] », analyse à raison Patrick Braouezec.

Aujourd'hui, les responsables publics agissent surtout en fonction de leurs compétences techniques, liées à leur territoire pour les élus locaux, à leurs champs ministériels pour les membres du gouvernement. Chacun est dans son couloir. Chacun porte « son » héritage. Personne ne gêne l'autre, mais personne ne se préoccupe vraiment du voisin. Il y a très peu d'échanges bilatéraux directs entre les parties prenantes. Les échanges entre acteurs publics se limitent pour l'essentiel aux rendez-vous formels au sein des instances *ad hoc* (bureaux exécutifs, conseils d'administration de Paris 2024 et de la Solideo).

Depuis la signature du pacte financier à l'Hôtel de Ville en 2018, il n'y a pas eu d'initiative politique forte. On aurait rêvé, avant que la campagne présidentielle ne s'enclenche, d'une tribune commune signée par Anne Hidalgo, Valérie Pécresse, Patrick Ollier, Stéphane Troussel, Roxana Maracineanu et Jean-Michel Blanquer pour mettre en avant une vision partagée des Jeux. L'idée avait été envisagée mais elle est tombée à l'eau. Pourtant, quatre ans après Lima, cela aurait eu du sens. Parfois, l'esprit de Lima s'affadit. Le calendrier électoral n'aide pas non plus à des initiatives communes. La crise du Covid n'a fait qu'accentuer cette situation. Les politiques sont en retrait par rapport aux opérationnels que sont la Dijop, la Solideo et bien sûr le Cojop.

Les politiques doivent-ils se contenter d'être des accompagnateurs techniques des JOP ? S'ils se limitent à ce rôle, ils passeront à côté des Jeux. Leur rôle est de contribuer à donner du sens et une vision des Jeux pour le pays. Ils doivent, au-delà des attaches partisanes, le faire dans l'union nationale. Les Jeux ne doivent pas être politisés mais ils doivent être politiques. Il n'est pas imaginable de penser que le plus grand événement en France – vu par plus de quatre milliards de personnes – pour la première moitié du siècle, voire le siècle entier, ne soit pas un projet politique afin de changer la société en bien et de porter un message au monde.

Lors du conseil d'administration du Cojop, en date du 30 septembre 2020, Anne Hidalgo insista sur « la nécessité de basculer dans une communication plus positive.

En effet, les Jeux de Paris 2024 représentent un espoir, un horizon positif et une solution de sortie de crise ». Elle encouragea « à relayer les grandes ambitions portées par les Jeux qui doivent être considérés comme un investissement pour l'avenir[11] ». En un mot, elle invita à faire plus de politique. Je ne pus que saluer la démarche. Après coup, je ne peux que regretter qu'il n'y ait eu aucune initiative commune entre la maire de Paris et la présidente de la Région depuis l'obtention des Jeux. Surtout lorsque l'on a en mémoire que Valérie Pécresse et Anne Hidalgo avaient été « main dans la main[12] », en février 2016, au Japon, pour vanter l'attractivité de Paris et de l'Île-de-France. Preuve que la chose est possible. Ce qui est réjouissant. Formons le vœu que dans le futur, elles puissent mener une action de concert pour contribuer à donner du sens aux JOP.

En réclamant une montée en puissance du politique, loin de nous l'idée de remettre en cause, non plus, le rôle du Cojop. Celui-ci a la légitimité que lui confèrent le CIO et la loi olympique de devoir livrer les Jeux. Elle est incontestable. C'est son job et, nous l'avons dit, il sera bien fait. Le Cojop incarne l'intérêt général des Jeux. Le politique celui de la nation, par la légitimité que lui donne le peuple. Une synthèse est à construire entre ces deux légitimités. Rien d'insurmontable.

Au sein du Cojop, le mot « politique » suscite interrogation, parfois méfiance. La crainte est de voir les Jeux récupérés par tel ou tel pour servir des intérêts partisans. Cette appréhension peut être légitime ponctuellement sur une mesure, un événement ou un programme de l'héritage. Elle est, en revanche, sans fondement concernant la globalité des Jeux car l'écosystème dans son ensemble ne le tolérerait pas. Le « récupérateur » potentiel prendrait le risque d'être mis au pilori par tous les autres. Toute instrumentalisation des Jeux serait contraire à l'esprit de Lima. Le Cojop y veille. Mais surtout, il se veut attentif au fait de ne pas avoir une image trop institutionnelle. À ses yeux, de nos jours on « n'embarque » pas les gens sur de l'institutionnel. La chose peut s'entendre.

Cependant, dans son engagement, le Cojop fait aussi de la politique, mais parfois il donne le sentiment d'être comme M. Jourdain découvrant qu'il faisait de la prose. Qu'on le veuille ou non, Paris 2024 est un projet politique. Pour le mener à bien, deux mondes sont condamnés à avancer ensemble, celui ayant les exigences de l'événementiel mondial associé au marketing sportif, et celui de la puissance publique. Ils sont comme deux alpinistes gravissant l'Himalaya, ils dépendent l'un de l'autre.

Reconnaissons à Tony Estanguet, Étienne Thobois, Michaël Aloïsio et à leurs équipes de consacrer beaucoup de temps et d'énergie aux acteurs publics, notamment en « *one to one* ». Les échanges sont toujours francs et directs. Pour preuve de bonne foi, « nous avons fait le choix que les acteurs publics aient une place prépondérante, au sein de notre conseil d'administration, au-delà de leur compétence et de leur contribution financière[13] », rappelle Michaël Aloïsio, porte-parole de Paris 2024. Mais il y a parfois un doute sur qui incarne le mieux l'intérêt général. Il doit être levé.

Le Cojop doit pouvoir être moins dans le scepticisme. Le politique se doit d'être moins dans la culture du rapport de force systématisé. Mal qui souvent le ronge. Pas facile, tant cela est consubstantiel à son univers. On ne peut confondre son engagement pour les Jeux et un concours de testostérone. L'écosystème des Jeux appelle à la concertation, non à la baston.

Dans les faits, le Cojop ne peut se passer de la puissance politique. Sans la détermination d'Anne Hidalgo et surtout d'Emmanuel Macron, le projet d'organiser la cérémonie d'ouverture sur la Seine n'aurait pu voir le jour, tant les obstacles administratifs sont nombreux. De même, sans la volonté du gouvernement et de la présidente de la Région Île-de-France, la ligne 14 ne serait pas sur le point d'arriver à la gare de Saint-Denis-Pleyel avant l'été 2024. Ce qui est fondamental pour gérer les flux des spectateurs à Saint-Denis.

Des initiatives à prendre

Au lendemain des législatives, la liste des acteurs de la puissance publique – membres du conseil d'administration de Paris 2024 – ne devrait plus bouger. Elle sera stabilisée jusqu'en 2024. Le calendrier électoral ne comportera aucun rendez-vous susceptible de modifier les rapports de force politique jusqu'aux Jeux. Une telle perspective invite à plus d'initiatives communes.

L'une d'entre elles pourrait être de rédiger un texte définissant l'intérêt général des Jeux pour la France. Il existe déjà une charte sociale des Jeux, ce qui est bien. Le Cojop dispose d'une charte éthique, ce qui est remarquable. Pourquoi ne pas imaginer une charte de tous les acteurs des Jeux, afin de mettre en lumière une vision commune, ce qui aurait grand sens ?

Une autre action serait de voir la France s'engager davantage sur le terrain de la diplomatie sportive. Héritier de Pierre de Coubertin, le père des Jeux modernes, de Jules Rimet, initiateur de la Coupe du monde de football, et d'Henri Delaunay, inspirateur de l'Euro de football, notre pays a une histoire active dans l'organisation du sport mondial.

Fort de cet héritage et du fait d'être la nation organisatrice des prochains Jeux, la France s'honorerait de prendre le leadership pour renforcer la lutte pour la préservation de l'éthique du sport. Reconnaissons que, depuis plusieurs décennies, les États se sont engagés à établir de nouvelles normes pour lutter contre le dopage. Deux conventions ont permis des avancées significatives dans ce domaine. La première est l'œuvre du Conseil de l'Europe, en 1989. Elle a incité à financer la lutte contre ce fléau et à développer les contrôles. Son objectif ultime est l'éradication du dopage. Un protocole additionnel a renforcé en 2002 le dispositif. Ce texte a été ratifié par les pays membres du Conseil de l'Europe, y compris la Russie. Ce qui peut prêter à sourire, au regard des dérapages nombreux de Moscou sur le sujet.

La deuxième convention a été rédigée par l'Unesco en 2005. Elle est « entrée en vigueur le 1er février 2007, ratifiée par cent quatre-vingt-onze États parties[14] ». Elle a pour but d'encourager la coopération internationale, de développer la recherche et de faire bouger la législation des pays signataires. La France a joué un rôle actif dans l'aboutissement de ce processus.

Problème : ces deux conventions n'imposent aucune contrainte si les États ne respectent pas leurs engagements ! « Il faut donc parachever le travail, dans le champ du droit international public[15] », assure l'avocat Jean-François Vilotte, spécialiste en droit du sport.

Pays siège du Conseil de l'Europe et de l'Unesco, la France, dans la perspective de Paris 2024, pourrait proposer – en lien avec le mouvement sportif – un dispositif permettant de crédibiliser l'engagement réel des États, en formalisant un dispositif de règlement des différends qui peuvent naître de l'application de ces conventions. Il y va de la crédibilité de l'engagement des États. D'autres avancées significatives en matière de lutte contre la corruption et la manipulation des compétitions, la lutte contre le blanchiment d'argent dans le sport, la lutte contre les abus sexuels et la protection des mineurs mériteraient une initiative diplomatique forte, véritable héritage immatériel des Jeux de 2024. Il est urgent de créer le lieu pour initier avec force une telle initiative.

Fortifier le rôle moteur de la puissance publique dans l'accompagnement des Jeux passe également par des décisions politiques simples. Au lendemain des élections législatives de 2022, la majorité élue pourrait proposer qu'un débat se tienne au Parlement. Quatre ans après le vote de la loi olympique, cela aurait du sens. Il paraîtrait normal que la représentation nationale – non dans une logique de discorde, mais de concorde – s'exprime sur sa vision des Jeux, ainsi que l'héritage qu'elle en espère. Si nous voulons entraîner tout le pays, il ne serait pas absurde, dans la dernière ligne droite, de mobiliser les représentants du peuple.

Dans une optique similaire, il faut donner une incarnation politique aux JOP au sein de l'organisation gouvernementale. Deux options sont possibles. La première serait de créer un secrétariat d'État, rattaché à Matignon.

Il serait, par son action politique, complémentaire à la Dijop. La seconde possibilité consisterait à intégrer dans l'intitulé du ministère des Sports l'acception « Jeux olympiques et paralympiques ».

On pourrait s'interroger aussi sur la place du 95 avenue de France[16] dans l'architecture gouvernementale. « Ce ministère est baladé un peu partout[17] », remarque Pierre Mazeaud, ancien président du Conseil constitutionnel qui occupait le poste sous la présidence de Georges Pompidou. Sans parler de ces dix dernières années, durant lesquelles il y a eu sept titulaires du poste. Difficile d'imprimer sa marque !

Depuis 2007, son statut a alterné, entre ministère plein ou rattaché. Il a été successivement sous la tutelle de la Culture, puis de la Ville pour finir en juin 2020 accolé à l'Éducation. Certains le verraient bien, à nouveau, comme un ministère de plein exercice. En théorie, cette approche est séduisante. Une telle décision serait politiquement impactante. Mais dans les faits, est-ce utile de faire un nouveau chamboulement ?

Beaucoup pensent au contraire que cela ne serait pas raisonnable. De l'inspection générale des sports aux services déconcentrés, tous sont désormais fusionnés au sein de l'administration de l'Éducation. Annoncée par une circulaire d'Édouard Philippe en juin 2019, la fusion fut effective au 1er janvier 2021. « Il a fallu dix-huit mois de mise en œuvre et dix-huit mois de digestion », affirme un haut fonctionnaire du ministère. À deux ans des Jeux, il serait, sans doute, préférable de jouer la carte de la stabilité en laissant le Sport intégré à l'Éducation.

Les JOP seront l'événement le plus important qu'accueillera la France lors du prochain quinquennat. Il appartiendra à l'Élysée de prendre des initiatives fortes. À commencer par réunir le comité olympique deux à trois fois par an. Il inviterait ainsi à mettre sur orbite l'unité du pays, autour de la réussite des JOP et d'une vision commune. Le chef de l'État devra réanimer l'esprit de Lima. Par fonction, il incarnera les Jeux avec pour objectif, en lien avec le mouvement sportif et le Cojop, d'en faire une fête populaire, de mobiliser la jeunesse autour d'elle, de lancer une révolution sociétale *via* le sport, d'associer les JOP à la relance et de convier à la rédaction collective d'un récit national.

7

La fête populaire

Paris IIe, 21 octobre 2019. Cinéma le Grand Rex, 1, boulevard Poissonnière. Présentation du nouvel emblème de Paris 2024.

Dans cette salle habituée aux avant-premières de *Star Wars* et autres superproductions cinématographiques, Paris 2024 avait donné rendez-vous aux parties prenantes, partenaires et médias pour présenter son nouvel emblème. Le choix du lieu n'avait pas été fait au hasard. Son style Art déco était un clin d'œil à l'inspiration typographique du nouveau blason. La scénographie du moment avait été soigneusement préparée. La scène ressemblait à une salle de contrôle pour un vol spatial. Sur l'écran géant, on pouvait suivre les quarante équipes de coureurs toutes munies d'un GPS dont la mission était de faire apparaître, *via* leur trajet à travers les rues de Paris, le logo tant attendu.

À 20 h 24 précises, l'emblème surgit sur l'écran. Un tonnerre d'applaudissements s'ensuivit pour saluer cette belle création. Elle symbolise Marianne, la flamme olympique et la médaille d'or. La synthèse parfaite ! Bravo aux concepteurs. « Ce nouveau logo dit qui on est, quelle est notre vision, notre ambition[1] », expliqua Tony Estanguet. Dans un climat bon enfant, Anne Hidalgo, Roxana Maracineanu, Michaël Jeremiasz[2] et bien d'autres saluèrent cette réussite. La handballeuse internationale Allison Pineau résuma le sentiment de beaucoup en confiant à *L'Équipe* : « Le fait que le visage soit féminin reflète la place des femmes dans la société. Cela rajoute de la douceur dans ce logo moins institutionnel que d'habitude[3]. » Dans les jours qui suivirent, un sondage montra l'adhésion des Français : 83 % d'entre eux dirent apprécier l'emblème de Paris 2024[4].

Ce succès est la preuve que le Cojop sait et saura surprendre. Souvenez-vous dans la phase de candidature, on sut même courir sur l'eau. Lors des journées olympiques des 22 et 23 juin 2017, une piste d'athlétisme flottante fut installée au pied du pont Alexandre-III. Une première mondiale ! D'une longueur de 156 mètres et d'une largeur de 15 mètres, avec un poids de 120 tonnes, cette piste accueillit tous les soutiens de la candidature parisienne. La photo fit le tour du monde. Teddy Riner et Marie-José Pérec y firent un sprint.

Deux ans plus tard, les équipes de Paris 2024 et du CNOSF transformèrent, les 22 et 23 juin 2019, la place de la Concorde en un stade urbain pour célébrer le sport et l'olympisme. Dans ce « stade de la Concorde », trente et une disciplines étaient en démonstration. Ce fut un vrai moment populaire, familial et sportif.

En août 2021, au lendemain des Jeux de Tokyo, début de notre olympiade, pour saluer l'arrivée sur le sol français du drapeau olympique, Paris 2024 avait l'ambition de faire flotter le plus grand drapeau du monde, d'une taille équivalente à un terrain de football, accroché à la tour Eiffel. Le jour J, les conditions météorologiques ne permirent pas d'aller au bout de ce projet. Cet étendard géant sera sans doute hissé le moment venu, soit pour un événement en amont ou durant les JOP. Peu importe le moment, l'ambition d'étonner et de détonner s'exprime en permanence, avec Paris 2024. Elle est dans l'ADN du Cojop. « J'aime bien cette combinaison entre la créativité et le processus créatif et l'organisation nécessaire pour faire d'une entreprise comme celle-ci un succès mondial », revendique Bernard Arnault à propos de son groupe. Cette approche est identique au Cojop.

Et la Seine sera la scène

Le grand artisan de la superproduction de Paris 2024 est Thierry Reboul, le directeur de la Marque, de l'Événement et de la Cérémonie du Cojop. Un as de l'événementiel. Un créatif hors norme. Un casseur de codes, comme il se définit lui-même. Son obsession est de surprendre. Il aime la prise de risque. En 2005, avec l'aide d'alpinistes, il avait fait revêtir à la statue de la Liberté située au pied du pont de Grenelle à Paris un maillot géant des Spurs de San Antonio, floqué du numéro 9, pour fêter le premier titre en NBA de Tony Parker pour l'équipementier Nike. Comme il n'avait pas d'autorisation préfectorale, cela lui valut vingt-quatre heures de garde à vue.

C'est aujourd'hui à lui d'imaginer la cérémonie d'ouverture. Pour s'y préparer, il consulte beaucoup. Il s'est entretenu avec Philippe Decouflé, chorégraphe et metteur en scène des cérémonies d'ouverture des Jeux d'Albertville de 1992, et Jean-Paul Goude, grand concepteur des cérémonies du bicentenaire de la Révolution. En novembre 2021, il a rendu visite, à Londres, aux organisateurs du jubilé de la reine Elizabeth II sur la Tamise en 2012.

Autour de lui, une équipe de directeurs artistiques, de chorégraphes, de scénographes, de musiciens, de réalisateurs et de créateurs s'active pour concevoir les quatre cérémonies de 2024 : ouverture et clôture des JO et celles des Jeux paralympiques. La plus grandiose aura lieu pour l'ouverture des Jeux, le 26 juillet 2024. Ce sera un événement clé pour la réussite des Jeux. Il créera la dynamique de la double quinzaine. À Londres, avant les Jeux, l'opinion était dubitative ; après la cérémonie d'ouverture, ce fut l'engouement. « On est passé du *off* au *on*[5] », se souvient Michaël Aloïsio, à l'époque attaché olympique à l'ambassade de France, aujourd'hui directeur de cabinet de Tony Estanguet.

Pour faire autrement que les précédentes éditions, cette cérémonie ne se déroulera pas dans le Stade de France ou autre enceinte fermée. L'idée a germé dans l'esprit des organisateurs et du CIO à l'occasion des Jeux olympiques de la jeunesse à Buenos Aires en octobre 2018 : les Argentins organisèrent la cérémonie autour de l'obélisque sur la Plaza de la República. Un moment qui marqua les esprits.

À commencer par Thomas Bach, qui déclara après-coup : « J'ai eu comme un rêve, en assistant à la cérémonie des Jeux de la jeunesse de 2018 à Buenos Aires. Nous étions au cœur de la ville, autour de l'obélisque.

Et j'imaginais ce qu'une telle cérémonie d'ouverture dans un lieu aussi emblématique d'une ville signifierait pour les JO. J'espère que les amis parisiens ont entendu ce message. Pensez à ce qui pourrait être réalisable à Paris et plus tard à Los Angeles[6]. » Auparavant, Rio en avait rêvé en voulant organiser la cérémonie dans la baie mais, faute de temps et de moyens, le projet n'avait pas abouti.

Le rêve parisien du président du CIO va devenir réalité. Il en sera de même à Los Angeles. Les Californiens imaginent pour 2028 une traversée de la ville « d'un stade à l'autre ». Du mythique Los Angeles Memorial Coliseum – enceinte des JO de 1932 et de 1984 – au flambant neuf SoFi Stadium. Paris donnera le *la*. Paris sera la première ville à accueillir la flamme olympique en dehors d'un stade.

La cérémonie d'ouverture ne se fera pas non plus sur les Champs-Élysées. Là où beaucoup l'attendaient ! L'idée a été préemptée par Jean-Paul Goude en 1989. Selon Thierry Reboul, « le but c'est de produire de la surprise *via* de la création et la création ce n'est pas de faire comme les autres[7] ». Et d'ajouter : « Quand cela n'a jamais été fait, tu crées de la fierté, du souvenir et de l'émotion. » Il est vrai que ceux qui restent dans la mémoire collective sont ceux qui cassent les codes. Eiffel comme Picasso en sont des exemples. Il ne s'agit pas de comparer avec ces génies, mais c'est la même mécanique créative qui anime Paris 2024.

La scène sera donc sur la Seine. La production a pour nom « la Seine olympique ». Un truc de dingue ! Un milliard de téléspectateurs est prévu. On envisage plus de six cent mille spectateurs – peut-être un million – le long du fleuve, sur 6 kilomètres, quatre heures de spectacle annoncées, du pont d'Austerlitz au pont d'Iéna, célébrant les deux cent six délégations. La plupart des places seront gratuites. Ce qui sera une première, là encore, dans l'histoire des Jeux.

On mobilisera pour l'événement deux cent cinquante bateaux et barges, cinq mille collaborateurs, auxquels s'additionnera un nombre conséquent d'hommes et de femmes en charge de la sécurité et des secours. À ce stade, on évalue à quatre-vingts compagnies les forces mobiles nécessaires. On s'appuiera sur ce patrimoine exceptionnel pour créer sur l'eau, dans l'air, sur les ponts…

Dans les faits, « on se prépare à organiser le plus grand événement de tous les temps[8] », assure Thierry Reboul. Son décor sera celui de l'histoire de France. Il donnera une occasion unique à la France pour livrer un message planétaire, montrer sa vitalité et procurer à chaque Français de la fierté. Nos compatriotes en sont d'ailleurs conscients, selon un sondage 82 % d'entre eux adhèrent à ce projet de la « Seine olympique »[9]. Au soir du 26 juillet 2024, à n'en pas douter, Paris va savoir éblouir le monde.

Célébrer le sport

Cette ouverture sera à l'image des Jeux spectaculaires que les organisateurs veulent promouvoir. L'objectif du Cojop, c'est de magnifier la réussite sportive. « Notre but, c'est d'exposer au mieux tous les sports, y compris les plus confidentiels[10] », confirme Michaël Aloïsio. De nombreuses compétitions auront lieu dans des sites iconiques de Paris et sa région.

Fermez les yeux ! Et imaginez le concours de sauts d'obstacles sous les fenêtres du Roi-Soleil à Versailles, les archers olympiques face aux canons de l'Empereur sur l'esplanade des Invalides, les escrimeurs sous la verrière du Grand Palais, les triathloniens nageant sous le pont Alexandre-III, les marathoniens finissant au pont d'Iéna, les beach-volleyeurs jouant sous la tour Eiffel, les vététistes s'élançant du haut de la colline d'Élancourt avec cette même tour Eiffel à l'horizon, les skateurs s'envolant place de Concorde en compagnie des breakeurs, basketteurs (3 × 3) et riders…

Le spectacle risque d'être scotchant pour des milliards de téléspectateurs et internautes à travers le monde. L'excellence sportive aura pour scène la plus belle ville du monde. La magie de la Ville Lumière va opérer. La cité devrait être en fusion avec les Jeux. L'installation par le CNOSF, durant les Jeux, du Club France à La Villette, illustre cette volonté de générer de la ferveur.

D'habitude, le Club France est un lieu réservé à quelques VIP pour célébrer les médaillés tricolores. En 2024, il sera dans un quartier populaire. Les cent huit fédérations sportives y auront un stand. Elles y feront des démonstrations de leur discipline. Une vaste exposition sur l'olympisme y sera présentée. Il s'agira de la plus grande célébration du sport jamais organisée en France. Chaque jour, quatre-vingt mille personnes seront attendues. Chaque soir, un concert aura lieu. La fête sera partout dans Paris. Comme ce fut le cas auparavant à Barcelone, Sydney et Londres qui, d'après les nombreux témoignages que nous avons reçus, ont été les Jeux les plus réussis en termes de partage d'émotion, de fêtes populaires et d'accueil pour les spectateurs venus du monde entier. « Ces villes s'étaient sublimées par la force des Jeux[11] », témoigne Thierry Rey. Paris devrait être au rendez-vous. Pour y être, rien ne doit être laissé au hasard.

Selon Jean-François Lamour, « la réussite des Jeux repose sur un triptyque : la très bonne organisation, le succès populaire et les résultats pour l'équipe nationale[12] ». Le premier ne suscite pas, à ce stade, d'inquiétude. Les deux derniers sont indubitablement liés. L'heure est donc à la mobilisation générale. « Des Jeux bien organisés, c'est le contrat de base, mais il faut aller au-delà[13] », confirme Thierry Reboul.

De l'importance des médailles

Si nous voulons rassembler les Français autour des JOP, il est impératif de créer le moment venu un engouement populaire. Ces Jeux doivent être une fête. Une fête populaire qui rassemble le pays. Une « nouba » qui le transcende.

Pour atteindre cet objectif, il y a une condition *sine qua non* que nous devons remplir : avoir une équipe de France olympique et paralympique au rendez-vous. En 1998, si la France s'était contentée d'organiser la Coupe du monde sans la gagner, l'émotion populaire n'aurait pas été comparable. Il en sera de même pour les JOP.

Au lendemain des Jeux de Tokyo, la place du sport français dans le concert des nations mérite un réveil national. Depuis plusieurs années, la tendance est à la baisse. Selon l'étude hollandaise Gracenote (en 2020), la France est actuellement la neuvième puissance sportive.

Nous étions septièmes après les JOP de Rio (quarante-deux médailles). Les résultats aux derniers Championnats du monde d'athlétisme en 2019 ont confirmé cette orientation. Les Jeux olympiques de Tokyo l'ont malheureusement renforcée (trente-trois médailles). Le bilan des Jeux paralympiques ne fut pas plus brillant, la France s'y est classée quatorzième (cinquante-quatre médailles). Concernant les épreuves olympiques, l'euphorie autour des résultats des sports collectifs (six médailles) de nos judokas et escrimeurs est l'arbre qui cache la forêt d'un échec sportif conséquent.

Il aurait été sans doute pire, sans l'appui des militaires. Bien évidemment, il ne s'agit pas d'une opération spéciale. Que chacun se rassure. Mais il importe de saluer que cinquante-quatre de nos athlètes à Tokyo étaient des militaires. Ils ont remporté treize médailles, soit plus d'un tiers des podiums français. Cinq ont obtenu l'or, soit la moitié de la récolte française au Japon. Florence Parly, la ministre de la Défense, ne manqua pas de saluer l'action de « ce véritable corps d'élite olympique[14] » en déclarant après les Jeux de l'été 2021 : « Par leurs résultats exceptionnels et leur engagement de chaque instant, ils contribuent à renforcer le lien entre nos armées et la nation[15]. »

La judoka et gendarme Clarisse Agbégnénou, porte-drapeau de la délégation française, symbolise cet engagement. « Que cela soit dans le judo ou la gendarmerie, je ressens que les valeurs sont communes. La patrie, le travail, le courage, la modestie, les deux mondes sont très proches[16] », confiait-elle au lendemain de son double sacre olympique tokyoïte. À méditer !

Faut-il confier à un militaire la préparation olympique comme le fit le général de Gaulle au lendemain du désastre des Jeux de Rome[17] en nommant le colonel Marceau Crespin[18] ? Évidemment que non ! Autres temps, autres mœurs. Mais à l'image du pouvoir gaulliste, l'État doit cependant prendre ses responsabilités. La préparation de nos athlètes de haut niveau est de sa compétence. Comme il est de son devoir que la quête de médailles s'opère dans des conditions éthiques respectueuses des athlètes et de l'esprit olympique.

Seule la victoire est belle

Pour Tokyo, la France ne s'est pas assez préparée à ce rendez-vous. La crise sanitaire ne peut constituer une excuse, puisque tous les pays ont dû « jongler » avec elle. « Il n'y a pas eu un effet crise sur la performance sportive[19] », confirme Fabien Canu, dont la nomination récente à la tête de l'Insep[20] est une heureuse nouvelle pour le sport français. Plusieurs éléments ont contribué à l'insuccès de Tokyo. Des problèmes conjoncturels liés à la préparation, aux plannings et aux blessures. Mais la chose est plus endémique.

Nous avons accepté avec un certain fatalisme depuis des années d'être une puissance olympique moyenne. Dans l'histoire des Jeux modernes, la France a remporté 1 660 médailles sur les 35 168 distribuées aux Jeux d'été (4,7 %). Les États-Unis se classent premiers avec 5 113 médailles olympiques (14,5 %). Si on peut comprendre pour des raisons économiques et démographiques que nous ne soyons pas au niveau des Américains, il est difficile d'admettre qu'à Tokyo nous ayons eu moitié moins de podiums que les Britanniques (65 médailles, dont 22 en or). De même les Australiens (46), les Hollandais (36), les Allemands (37) et les Italiens (40) ont engrangé plus de succès que nos athlètes.

En vérité, la France souffre d'un mal permanent. Beaucoup veulent opposer le sport pour tous au sport de haut niveau. Ce mal ronge de nombreuses fédérations. Le 8 janvier 2020, j'assistais à un dîner du club parlementaire sur le sport[21] animé par Jean-Jacques Lozach (sénateur PS de la Creuse), Sophie Auconie (députée UDI de l'Indre-et-Loire) et Sylvie Charrière (députée LREM de Seine-Saint-Denis). Trois parlementaires qui s'investissent sur les sujets liés au sport. Le thème du soir était les Jeux olympiques. Quelle ne fut pas ma surprise d'entendre l'approche relativiste de certains responsables fédéraux concernant les résultats dans les compétitions internationales.

Pour une partie non négligeable d'entre eux, la quête du Graal olympique n'est pas la première de leurs préoccupations. « L'important, c'est de participer » l'emporte sur « Seule la victoire est belle ». Cette approche est souvent aussi culturelle chez de nombreux professeurs d'EPS. « Un monde de l'éducation qui, dans les collèges et lycées, ne valorise pas l'épanouissement que peut provoquer la compétition », écrivait Pierre Mazeaud en 1980 dans un livre[22] qui demeure une référence sur le rôle du sport dans la société.

Malgré l'indéniable volonté de changement de Jean-Michel Blanquer, quarante ans après, le « mammouth » demeure peu actif et peu réactif. De nombreux ministres des Sports – Mazeaud, Drut, Lamour... – se sont efforcés de faire bouger les lignes du sport à l'école. Ils se sont, pour l'essentiel, heurtés à un fort conservatisme au sein de l'Éducation nationale.

La brève polémique, au lendemain des Jeux de Tokyo, qui opposa Jean-Michel Blanquer au vice-champion olympique de basketball Evan Fournier illustre ce malaise. Le premier avait déclaré : « On a réussi à avoir des médailles d'or dans les sports collectifs [...], cela dit quelque chose d'ailleurs : le hand, le volley et le basket sont des sports très pratiqués dans les écoles [...]. Cela montre que le système scolaire a beaucoup d'importance[23]. » Le second lui répliqua sèchement sur Twitter : « Au contraire, monsieur le ministre, notre culture sportive à l'école est désastreuse. Si mes coéquipiers et moi-même sommes arrivés à l'élite de notre sport, c'est grâce aux associations sportives, aux clubs, aux bénévoles, mais en aucun cas grâce à l'école[24]. » Les deux hommes se sont expliqués par la suite de manière constructive. Ce qui est heureux, tant il est important d'avancer, entre le sport de haut niveau et l'école. Les Jeux en France doivent être l'occasion de crever l'abcès sur la place du sport à l'école. Nous y reviendrons.

Le succès du haut niveau constitue le meilleur moyen de susciter de nouvelles vocations, de donner des exemples à notre jeunesse, d'augmenter le nombre de licenciés, de renforcer le rôle inclusif du sport, comme le prouve l'engagement de Paris 2024, et de générer de la richesse pour l'ensemble du sport français. « Les fédérations qui sont dans la performance sociale ont besoin des moyens que le sport de haut niveau génère[25] », analyse Brigitte Henriques, élue à la tête du CNOSF le 29 juin 2021. « Je crois aux vertus incitatrices du champion[26] », ajoutait

Pierre Mazeaud dans l'ouvrage déjà mentionné. Les faits lui donnent raison.

Après l'obtention du titre olympique de l'équipe de France masculine de volley-ball, la fédération a enregistré une hausse de 20 % de ses licenciés à la rentrée 2021. Quelque 6,8 millions de téléspectateurs avaient regardé la finale contre les Russes. L'euphorie de la victoire suscite des vocations. « Pour être connu et développer notre sport, il faut continuer à briller[27] », explique Antonin Bouzier, ancien international de volley. En contrepartie, plus il y a de pratiquants, plus le vivier est important pour pêcher les futurs champions. C'est un cercle vertueux. Il est donc fondamental de remettre la performance au cœur de notre politique sportive. Le sport de haut niveau et le sport pour tous se nourrissent l'un de l'autre. L'État doit veiller à encourager cette complémentarité. Formons le vœu que les Jeux de Paris créent les conditions de cette indispensable révolution culturelle dans notre pays.

De la performance

C'est dans cet esprit qu'a été créé le pôle « haute performance » de l'Agence nationale du sport visant à préparer nos meilleurs athlètes olympiques et paralympiques, d'abord pour 2024, puis pour 2028, 2032… Son premier objectif est de passer d'une logique de masse à un système d'élite. Alors que plus de vingt mille athlètes de haut niveau sont identifiés par le ministère des Sports dans le cadre des projets de performance fédéraux, ce pôle accompagne quatre cents athlètes.

Son autre but est de structurer l'accompagnement du haut niveau sur le long terme. Ce pôle n'est opérationnel que depuis l'automne 2020. Son plan d'action « ambition bleue » a été publié en octobre 2020, preuve d'un retard français. Surtout en ayant en tête que les Jeux de Tokyo étaient initialement prévus à l'été 2020. Pour mémoire, son équivalent anglais au sein de UK Sport était actif sept ans avant les JOP de Londres 2012.

Au lendemain du désastre sportif des Jeux d'Atlanta – seulement quinze médailles pour les athlètes de Sa Majesté –, les Anglais ont mené de front deux batailles : obtenir l'organisation des Jeux et avoir des médailles. Après leur victoire à Singapour en 2005, ils étaient prêts. Ils ont ainsi moissonné soixante-cinq médailles – dont vingt-neuf en or – à Londres en 2012 en se hissant à la troisième place du podium. Et ce ne fut pas qu'un feu de paille ! Nos amis d'outre-Manche sont désormais installés, de manière solide, dans le Top 5 mondial des nations sportives. Certes, ils ont fait des choix qu'il serait difficile de transposer en France, notamment par le fait de soutenir certaines fédérations au détriment d'autres. Mais ils ont su anticiper et bâtir une stratégie sur le long terme.

Quant à nous, après le succès de Lima, nous nous sommes emmêlé les pinceaux dans les délices administratifs chers à notre pays. L'accouchement de l'ANS a été douloureux. Son installation a mis du temps. Le Conseil d'État ayant peu goûté le fait que, dans une première ébauche, des compétences réservées au gouvernement et au Premier ministre soient attribuées à l'agence, au regard des articles 20 et 21 de la Constitution. Selon l'institution du Palais-Royal, la politique de l'ANS doit s'inscrire dans une démarche voulue par l'État. Si l'idée de fondre, dans une même entité, le développement de la pratique sportive et la haute performance a du sens, au regard de l'urgence olympique il aurait été préférable de créer un groupement d'intérêt public uniquement sur la haute performance afin d'être opérationnels dès 2017.

On préféra avancer par petites touches. L'État missionna Claude Onesta. Choix, à la base, peu contestable. Onesta est une icône du sport français, un géant du coaching, avec un palmarès unique dans notre pays. L'ancien patron des « Experts[28] » a mené au sommet le handball français de 2001 à 2016, avec deux titres olympiques, trois victoires au Championnat du monde et trois succès au Championnat d'Europe. « Il est plus que légitime pour parler de leadership[29] », affirme Tony Estanguet.

À l'automne 2017, Laura Flessel lui commanda un rapport. Pour mémoire, au lendemain des Jeux de Rio, Thierry Braillard[30] avait organisé des États généraux du sport pour faire un bilan post-Jeux. De surcroît, un rapport sur le même sujet fut publié par l'inspection générale du ministère des Sports en octobre 2017[31]. Fallait-il encore perdre du temps dans la rédaction d'un énième rapport ? Fin janvier 2018, on demanda à Claude Onesta de mener une mission de préfiguration sur la gestion du haut niveau. En avril 2019, on l'invita à organiser le pôle de performance de l'ANS.

Inutile de regarder davantage dans le rétroviseur. Tournons-nous vers l'avenir. Vers 2024. Il est, en effet, urgent d'agir. Surtout au regard de l'objectif, réaffirmé par Emmanuel Macron à l'été 2021, de hisser la France dans le Top 5 des nations sportives (entre cinquante et soixante médailles) aux JOP de 2024. Le président

Macron a eu raison de fixer ce cap. « Quoi de mieux que de stimuler les sportifs pour avoir de meilleurs résultats[32] ? », assure Pierre Mazeaud. « Il faut avoir des objectifs ambitieux[33] », confirme Tony Estanguet. Désormais, chaque jour compte.

Dans ce contexte, il ne serait pas admissible qu'un athlète ayant un potentiel olympique pour 2024 soit face à des préoccupations financières et n'ait pas son employabilité post-JOP assurée. De même, chacun doit savoir au plus vite où il s'entraîne et avec qui.

Dans la foulée de la réception à l'Élysée en l'honneur des médaillés de Tokyo, le 13 septembre 2021, Claude Onesta indiqua sur le site de *L'Équipe* que « si on veut renverser la table, il va falloir faire autre chose[34] ». S'il s'agit d'un appel à innover, cela va dans la bonne direction ; si c'est un encouragement à tout chambouler, cela serait une erreur. Claude Onesta a, en revanche, raison d'appeler à « passer d'une obligation de moyen à une obligation de performance[35] ». C'est un changement de paradigme fort au sein du sport français. Trop souvent, les subventions publiques, comme dans beaucoup d'autres domaines, ne sont pas accompagnées d'exigence en termes de résultat.

Cependant la volonté de « renverser la table » doit être mesurée. Il ne faut surtout pas faire table rase du passé. Concernant la préparation olympique pour 2024, nous sommes à la mi-temps du match. À la mi-temps, on fait des ajustements, on ne change pas l'équipe. À deux ans des Jeux, nous n'avons plus le temps de nous enfermer dans des combats d'ego ou de structure. « Évitons les querelles de chapelles[36] », rappelle, à juste titre, Fabien Canu. Il ne faut pas faire la révolution, mais créer les conditions du rassemblement de tous les acteurs – pôle « haute performance » de l'ANS, mouvement sportif, Cojop et l'Insep – pour que tous tendent, en cohérence, vers le même objectif. Maintenant, il faut passer à l'action. « Le temps, pour le pôle « haute performance » de l'ANS, n'est plus de faire des constats, mais de trouver des solutions », *dixit* un conseiller gouvernemental influent sur le sujet. D'autant plus que les règles du jeu sont connues. L'État fixe, *via* le ministère, les objectifs. Et il revient à l'ANS de définir la stratégie.

L'objectif commun doit être de rattraper notre retard. C'est en partie possible si nous arrêtons de tergiverser avant d'agir.

Dans cette logique, la stratégie haute performance de l'ANS – « passage d'un service de prêt-à-porter à un service de haute couture[37] » – doit être politiquement soutenue, financièrement appuyée et philosophiquement assumée. Elle doit l'être notamment face à un mouvement sportif parfois rétif en la matière.

Il faut bien admettre que le biotope de ce dernier est complexe. Quelque 50 % des présidents des fédérations ont été renouvelés avant l'été 2021. Ce qui a entraîné un flot important de nouvelles nominations de DTN[38] – par le ministère des Sports – dans de nombreuses structures fédérales. Ce calendrier propre aux fédérations a contribué à ne pas accélérer les choses en matière de préparation du haut niveau.

Consciente du problème, la nouvelle présidente du CNOSF a placé dans son programme, en première ambition (sur six), « une France du sport performante qui gagne des titres[39] ». Elle affiche sa volonté de travailler en bonne intelligence avec l'ANS. Souhaitons qu'elle puisse mener à terme cet *aggiornamento* nécessaire au mouvement sportif français. Incontestablement, Brigitte Henriques contribue à unifier les énergies. « Face à la multiplicité des acteurs, il y a une fluidité à construire[40] », confie-t-elle.

Le pari d'intégrer le Top 5

Si l'objectif de quatre-vingts médailles annoncé par Laura Flessel il y a quatre ans est inatteignable, celui fixé par le président Macron de voir la France entrer dans le Top 5 mondial est ambitieux mais accessible. Plusieurs raisons nous permettent d'espérer.

La première d'entre elles, c'est qu'après quelques soubresauts l'union sacrée est en marche. « En France, c'est parfois compliqué mais quand on décide de s'unir, on peut être redoutable[41] », diagnostique Tony Estanguet. C'est dans cet esprit que se retrouvèrent dans le bureau de Brigitte Henriques, le 30 septembre 2021, les principaux acteurs (Claude Onesta, Michel Cadot, Tony Estanguet…), pour dresser un bilan partagé des Jeux de Tokyo. Ce constat a jeté les bases d'une adhésion commune à une stratégie collective pour préparer nos champions au rendez-vous de 2024.

Un « triangle magique » se met en place autour de l'Insep, des fédérations olympiques et paralympiques et du pôle « haute performance » de l'ANS. Selon Fabien Canu, tout se doit d'être sur orbite à Pâques 2022[42]. Au plus tard à l'été. À deux ans des Jeux, la machine se doit d'être parfaitement huilée. L'ANS se charge d'assurer l'intendance et les moyens nécessaires *via* des contrats de performance avec les fédérations olympiques et paralympiques, de soutenir les athlètes, de développer une stratégie « *sport data hub*[43] » pour utiliser au mieux les données et de prioriser les fédérations pourvoyeuses de médailles. Elle fixe également des priorités très détaillées aux fédérations, qui obligent les DTN. « Il y a une vraie prise de conscience collective que pour réussir Paris 2024, on doit tous travailler ensemble, souligne Ludovic Royé, président de l'association des DTN. On doit mettre les bonnes personnes aux bons endroits, chacun doit jouer son rôle[44]. »

L'Insep, en sa qualité de premier opérateur, en lien avec les fédérations, s'occupe de faire du sur-mesure pour les retours de blessures, l'encadrement médical, l'accompagnement à la carte pour les études et la préparation. Un quart des athlètes concernés s'entraînent au sein de cet institut. Ce dernier pourra s'appuyer sur la recherche.

Dans le cadre d'un programme prioritaire de recherche « sport très haute performance », doté de 20 millions d'euros, fruit d'un partenariat de l'ANS avec l'ANR[45], douze projets scientifiques ont été retenus – dont six rattachés à l'Insep – pour accompagner nos athlètes de haut niveau.

Le projet THPCA2024, porté par l'École polytechnique en lien avec neuf autres écoles d'ingénieurs et universités, illustre cette relation désormais indispensable entre la recherche et l'excellence sportive pour aller glaner des médailles supplémentaires aux JOP. Ce projet associe l'aviron et le cyclisme. Deux sports qui lient l'homme à la machine. L'objet des recherches est de « produire plus de puissance possible sur une distance donnée à l'aide d'une machine[46] », explique Hugo Maciejewski, responsable de la recherche à la FFA[47]. Nos pistards comme nos rameurs pourront tester l'optimisation du couplage homme-machine dans la soufflerie de l'Institut aérotechnique du Conservatoire national des arts et métiers.

Sous l'impulsion du pôle « haute performance », notamment *via* un soutien financier, les fédérations recrutent des entraîneurs de haut niveau venant des quatre coins du monde. L'apport de ces techniciens aussi expérimentés que de renom pourrait être décisif en 2024. La plus symbolique des embauches est celle de l'Allemand Jürgen Grobler, soixante-quinze ans, l'entraîneur le plus titré au monde en aviron.

Un « gourou[48] », selon le journaliste Marc Ventouillac, grand spécialiste de ce sport. Grobler entend doubler les médailles françaises à Paris 2024, tout en la jouant humble. « Je ne suis pas venu pour tout changer[49] », dit-il. Voilà ce qui constitue une source d'inspiration pour tous. Dans le sillage du recrutement du technicien allemand, d'autres sports se renforcent, avec l'arrivée de l'Ukrainien Vitaly Marinitch à la tête de la gymnastique masculine française, du Cubain Humberto Horta Dominguez à celle de la boxe féminine, du Hollandais Jacco Verhaeren prenant la direction des équipes de natation et du Brésilien Bernardo de Rezende devenu le nouveau coach de l'équipe masculine de volley-ball. L'ANS a aussi organisé le rapatriement de techniciens français exilés pour renforcer les staffs d'escrime et de hockey sur gazon.

En parallèle, l'armée va apporter sa pierre à l'édifice. Le bataillon de Joinville, établi à Fontainebleau, accompagnera cent soixante-quatorze athlètes de haut niveau olympiques ou paralympiques pour les JOP. Sous la direction du commandant François, cette armée de champions se prépare avec rigueur et détermination pour atteindre les sommets de l'Olympe en 2024.

« Grâce à l'armée, je trouve une stabilité[50] », assure le jeune boxeur Moreno Fendero, en capacité de décrocher une médaille olympique à Paris. « Ces sportifs ont les mêmes valeurs que nos soldats qui vont au front, renchérit le commandant François. Ils vont disposer d'un vrai contrat de travail, d'un statut social et ils sont rémunérés 1 350 euros net par mois[51]. » En contrepartie, ces athlètes-soldats font des missions de relations publiques pour l'armée.

Parmi les autres raisons d'espérer une moisson plus prolifique de médailles en 2024, on trouve également l'émergence d'une nouvelle génération d'athlètes tricolores, qu'incarnent le nageur Maxime Grousset (quatrième au 100 mètres nage libre à Tokyo), l'archère Lisa Barbelin, la judoka Romane Dicko et la sprinteuse du 110 mètres haies Sasha Zhoya... Croisons les doigts pour qu'ils soient les héros de la fête en 2024. Prions également pour que nos douze médailles d'argent olympiques et nos quinze paralympiques à Tokyo se transforment en or à Paris. Rappelons que les médailles d'or sont prépondérantes dans le classement final. À cela s'ajoute que quatre-vingt-treize de nos athlètes olympiques se sont classés entre la quatrième et la dixième place à Tokyo. Si nous les mettons dans les meilleures conditions, ils constituent un vivier exceptionnel de médailles.

Sans compter sur « l'effet maison » qui démultiplie souvent les énergies. Sous l'impulsion du CNOSF, à l'image de ce qu'entreprend déjà la Fédération française de football pour soutenir les bleus, des carrés de supporters vont être structurés. Sur chaque site olympique, et pour chaque discipline, il y aura des kops pour encourager les sportifs français.

Au foot, le rôle du douzième homme peut être décisif. Il en est de même pour les autres sports. Rappelez-vous comment le public lyonnais avait aidé Henri Leconte à se surpasser lors de la finale de la coupe Davis en 1991. Alors cent cinquantième mondial, le Français avait battu, en trois sets secs, Pete Sampras, à l'époque numéro 6 au classement ATP. Un moment d'osmose inoubliable entre un sportif et son public. Souvent, en sport, jouer devant son public, cela change tout.

Concourir aux Jeux dans son pays incite au dépassement de soi. Des monstres sacrés du sport français s'y préparent avec enthousiasme et ambition. À l'instar du génie de Bondy, Kylian Mbappé, déclarant sa flamme aux Jeux de Paris 2024 dans une missive parue dans le journal *L'Équipe* à J-1 000 de la cérémonie d'ouverture, dans laquelle il affirma : « Moi aussi, je veux en être. C'est un sentiment fort, intérieur, comme si j'étais destiné à participer à cette immense fête dans ma ville, mon pays, cent ans après la dernière compétition en France. C'est un rêve d'enfant qui ressort[52]. »

Ce sentiment, Teddy Riner, le judoka le plus titré de l'histoire, le partage. « On s'est trop battus pour aller chercher cette candidature Paris 2024. On a les Jeux et je compte bien en profiter et vivre ces Jeux pleinement et faire tout mon possible pour être présent[53] », confiait-il au lendemain des Jeux de Tokyo. De même, Alexis Hanquinquant, le triathlonien handisport, champion paralympique, champion du monde et champion d'Europe en 2021, s'enflamme : « Les Jeux paralympiques de Paris deviennent une obsession. Cela va me transcender[54]. » « Les Jeux dans son pays, ça doit être incroyable, j'ai envie de les vivre[55] », surenchérit Florent Manaudou, quatre médailles olympiques au compteur, et qui aura trente-trois ans en 2024.

L'organisation de l'événement amplifiera cet « effet maison ». « Notre contribution est de proposer aux athlètes des Jeux *waouh* pour qu'ils soient morts de faim, de leur apporter ce supplément d'âme pour qu'ils dépassent leurs limites, pour qu'ils se transcendent[56]... », promet Tony Estanguet. Songez à ce que va vivre l'équipe de France olympique, dans la soirée du 26 juillet 2024, quand elle remontera la Seine, acclamée par plus de six cent mille personnes. Cela devrait lui donner une énergie folle. L'engouement populaire est le meilleur des dopants. Et si on rajoute un zeste de patriotisme, nos tricolores pourraient se sublimer.

Si la préparation athlétique est à la hauteur de la créativité du Cojop, l'addition de toutes ces forces vives, de jeunes talents et d'athlètes hors du commun peut nous faire espérer un moment de transcendance du sport français. Un moment où l'effort se conjugue au bonheur. Un moment où la réussite de nos champions créera un engouement populaire, une joie intense dans tout le pays. Si toutes les énergies se rassemblent, la victoire est en nous.

Il y va de la réussite des Jeux. « Les Jeux sont réussis quand les athlètes du pays hôte réalisent de grandes performances[57] », confirme Thomas Bach, le président du CIO. Il en va aussi du prestige d'une nation et de son rayonnement international. Charles de Gaulle disait que « si la France brille à l'étranger par ses penseurs, ses savants, ses artistes, elle doit aussi rayonner par ses sportifs. Un pays doit être grand par la qualité de sa jeunesse et on ne saurait concevoir cette jeunesse sans un idéal sportif ». Quelques décennies plus tard, cette vérité demeure.

8

Pour la jeunesse

Vanves, 29 janvier 2018. Lycée Michelet. Lancement de la deuxième Semaine olympique et paralympique.

Ce matin-là, nous nous retrouvâmes au lycée Michelet à Vanves, magnifique bâtisse entourée d'un parc de 17 hectares, pour le lancement de la deuxième Semaine olympique et paralympique, surnommée la Sop dans le jargon de Paris 2024. Cette semaine, dont la première édition eut lieu en 2017, invite tous les établissements scolaires de l'école à l'université à se mobiliser autour des JOP. Elle a été créée à l'initiative des ministères de l'Éducation et des Sports – à l'époque non fusionné – et du mouvement sportif français. Le ministère de l'Enseignement supérieur et de la Recherche en est aussi partenaire. Après l'obtention des Jeux, le Cojop en est devenu un acteur aussi majeur que moteur.

Le fil conducteur de cette Sop est la promotion de l'activité physique auprès des jeunes. Chaque année, elle aborde un thème particulier : la mixité dans le sport en 2019, l'interculturalité en 2020, sport et santé *via* la promotion de trente minutes d'activité physique par jour pour chaque élève en 2021 et le lien sport/environnement en 2022… Cette Sop est aussi un moment de transmission des valeurs olympiques – amitié, excellence, respect – et paralympiques – courage, détermination, inspiration, égalité.

Elle invite les élèves à réfléchir à ces valeurs, à les partager avec leurs pairs et à les promouvoir auprès de leur entourage. Elle participe à l'élaboration de projets pédagogiques pluridisciplinaires. Elle contribue à porter un autre regard sur le handicap notamment par la découverte des para-sports. Elle convie également petits et grands à découvrir de nouvelles disciplines sportives.

Durant cette matinée au lycée Michelet de Vanves – en présence de Gabriel Attal, alors député –, avec Jean-Michel Blanquer, Laura Flessel, Sophie Cluzel et Tony Estanguet, nous nous essayâmes à la pratique du judo et des barres parallèles. Puis, dans le cadre d'ateliers, nous eûmes des échanges avec des élèves sur Paris 2024. L'occasion de dire à ces lycéens que ces Jeux seront le rendez-vous de leur génération.

La mobilisation de la jeunesse autour des Jeux doit être l'obsession des acteurs de Paris 2024. Il en va là aussi de la réussite des Jeux. Tout doit être entrepris pour que chaque jeune se souvienne dans cinquante ans de l'endroit où il était, le 26 juillet 2024 à 20 h 24, jour et heure de l'ouverture des Jeux de Paris. Tout doit être fait pour que chaque jeune se sente acteur des Jeux.

Mobiliser la génération 2024

Les initiatives pour relever ce défi sont nombreuses. Les ministères de l'Éducation, des Sports et de l'Enseignement supérieur et de la Recherche ont créé le label « Génération 2024 » pour encourager les établissements à s'impliquer dans les Jeux. L'obtention de ce label invite les établissements concernés à respecter quatre engagements : « Développer des projets structurants avec les clubs sportifs du territoire ; participer aux événements olympiques et paralympiques ; accompagner ou accueillir des sportifs de haut niveau ; ouvrir leurs équipements sportifs aux associations[1]. »

À l'été 2021, on comptait cinq mille deux cents écoles, collèges, lycées et quatre-vingt-quatre universités labellisés. Chaque rectorat a un comité de labellisation. Environ cinq cent mille[2] élèves par an sont intégrés dans le programme de la Sop. C'est une première étape encourageante mais nous devons faire encore plus. Sachant que la France compte près de soixante mille établissements scolaires et plus de 12 millions d'élèves des premier et second degrés, la marge de progression pour mobiliser toute une jeunesse reste conséquente.

Certes, la pandémie n'a pas aidé à intensifier la dynamique. Souhaitons que les éditions 2023 et 2024 soient davantage mobilisatrices. Plus on se rapprochera des Jeux, plus on générera de l'engouement. Invitons toute la communauté éducative, les chefs d'établissements et les enseignants, mais aussi les parents d'élèves et délégués de classe à s'emparer de cette Sop pour contribuer à l'élan olympique. Elle doit être pour chaque élève et étudiant un moment aussi ludique que d'apprentissage.

Une plateforme dédiée « Génération 2024 » a été créée en ce sens dans le cadre d'un partenariat du Cojop avec le mouvement sportif et le ministère de l'Éducation, de la Jeunesse et des Sports. Elle produit du contenu ainsi que des outils pédagogiques à l'attention des enseignants, parents et élèves. Elle ambitionne de développer une communauté active.

En 2018, pour aller dans la même direction, Valérie Pécresse prit une décision structurante pour les collégiens de troisième. Elle lança l'opération « 1 000 stages découverte olympique » en Région Île-de-France. Reprenant le concept du stage de découverte professionnelle obligatoire pour les élèves de troisième, en partenariat avec les trois rectorats franciliens, la Région propose, durant une semaine, à des classes entières, souvent issues des QPV[3], de découvrir les sites olympiques tels le golf national, le vélodrome, le château de Versailles ou encore le Stade de France, de rencontrer des professionnels des métiers liés à l'organisation, d'échanger avec des membres du staff de Paris 2024 et des athlètes.

Ces stages ont une triple ambition : sensibiliser ces élèves aux valeurs du sport et de l'olympisme, faire connaître le programme de volontariat des Jeux et présenter les métiers de l'événementiel sportif. À mon initiative, ce dispositif fut renforcé en 2020 par un partenariat avec la Croix-Rouge française. En accord avec Philippe Le Gall, son président délégué régional, nous avons complété ce stage par une formation aux gestes de premiers secours et une sensibilisation au bénévolat. À la fin du stage, chaque jeune reçoit une attestation. Les élèves comme leurs accompagnateurs sont enchantés de cette semaine de découverte. Au terme de chaque stage, j'ai pu voir des adolescents enthousiastes à l'idée d'être associés aux Jeux. Je me souviens notamment du 27 septembre 2019, quand je remis, au Vélodrome national, des attestations de stage découverte olympique aux élèves des collèges Dora-Maar (93), Langevin-Wallon (95) et Le Carré Sainte-Honorine (95). Lesquels avaient pu auparavant échanger avec Quentin Lafargue, champion du monde sur piste en 2019. La veille, ils avaient rencontré Gwladys Épangue, double championne du monde de taekwondo et médaillée de bronze à Pékin en 2008. Chez ces ados les yeux pétillaient. Leur joie était manifeste. On les sentait concernés.

Cette expérimentation francilienne pourrait être élargie à d'autres territoires, dans des formats plus courts, en lien avec les ligues régionales des sports olympiques et paralympiques, pour associer le maximum de jeunes à la préparation des JOP, les mobiliser autour de principes essentiels et leur ouvrir des pistes d'avenir professionnel.

La mobilisation de dix mille jeunes en service civique Génération 2024 s'inscrit également dans cette vision. Paris 2024, en lien avec l'ANS et le CNOSF, offre la possibilité aux 16-25 ans de faire un service civique – vingt-quatre heures minimum d'engagement hebdomadaire – durant six à douze mois. Ces jeunes s'investissent pour accompagner les établissements scolaires dans l'organisation de la Sop, développer l'activité physique et sportive au sein de collectivités et aider des associations sportives. Cette expérience est profitable aux jeunes concernés car elle renforce leur confiance en eux et leur permet une montée en compétences.

Une jeunesse non monolithique

« Des Jeux réussis, ce sont des Jeux qui embarquent la jeunesse. Chaque jeune doit pouvoir dire “J’y étais”[4] », soutient Marie Barsacq. La tâche est immense au regard de l’hétérogénéité de la jeunesse française. Une majorité est heureuse. Une minorité importante vit dans une situation de mal-être. Selon un rapport[5] de la Région Île-de-France, en 2017, 20 % des 20-25 ans franciliens ont une prise importante de psychotropes et 20 % des jeunes filles déclarent être en détresse psychologique. À cela s’ajoute le « spleen ado » que connaissent de nombreux jeunes lors de ce passage si singulier de l’enfance à l’âge adulte.

De même, les différences peuvent être conséquentes entre les 2,7 millions d’étudiants et le million de jeunes NEET[6] qui sont sans emploi, sans formation et sans accompagnement. Beaucoup de choses divergent également dans le quotidien d’un adolescent qui passe son brevet et celui d’un jeune actif. Abondantes sont les différences entre jeunes sur les ressentis, le vécu, les idées, la projection…

À l’image du pays, la jeunesse est fracturée en de nombreux points. « La jeunesse n’est pas un bloc monolithique[7] », confirme Frédéric Dabi, directeur général de l’Ifop, auteur d’une remarquable étude sur le sujet présentée dans son ouvrage *La Fracture*[8]. Cette analyse est d’autant plus passionnante qu’elle permet une comparaison avec les générations précédentes grâce à des vagues de sondage successives depuis 1957 produites par l’Ifop tous les dix ou vingt ans. Il en ressort que les 18-30 ans sont « une génération fracturée et pétrie de contradictions :

à la fois solidaire et individualiste, moderne et traditionaliste, attachée aux libertés et en demande d'autorité[9] ».

D'après cette enquête, cette jeunesse doute de l'avenir mais a confiance en elle. Elle est résiliente, comme l'a montré la crise du Covid, dont elle a souffert non sur le plan sanitaire mais en matière de vie sociale. « Il est dur d'avoir 20 ans en 2020 », confirma Emmanuel Macron à l'occasion d'une allocution télévisée en octobre 2020. Avec la crise du Covid-19, la jeunesse a souffert de stigmatisation, de rupture sociale et, pour certains, de détresse financière.

Plusieurs résultats de ce vaste sondage doivent nous interpeller. Seulement 47 % des 18-30 ans trouvent avoir plutôt de la chance de vivre à notre époque, soit 36 % de moins qu'en 1999, lors de la précédente vague de l'Ifop. Ce sentiment se traduit par une défiance forte vis-à-vis du politique au niveau national. Ainsi, 35 % d'entre eux ont confiance en l'État. Ce qui est préoccupant. À la différence des générations précédentes, ils ne considèrent pas comme indispensable d'avoir un idéal pour vivre. Seuls 42 % pensent qu'il est nécessaire d'en avoir un, contre 82 % en 1998. Quant à la France, les jeunes cultivent une certaine contradiction, 73 % considèrent que notre pays a beaucoup d'atouts mais 64 % le considèrent comme en déclin[10]. La jeunesse est souvent le miroir de notre société.

Les JOP, le rendez-vous d'une génération

Les Jeux sont une occasion unique vis-à-vis de notre jeunesse pour mettre en avant les forces de la France et mettre fin à cette spirale décliniste souvent sans fondement. Ils pourraient, en la matière, constituer un électrochoc. Ils se doivent d'être un symbole de l'anti-déclin. Ils constituent une incroyable opportunité de projection vers demain.

Il y a fort à parier que les jeunes de tous horizons se retrouvent dans le projet de Paris 2024. Ce dernier répond à de nombreuses attentes de la jeunesse. À commencer par l'ambition environnementale présentée plus haut. Si les jeunes d'aujourd'hui sont moins attachés à la quête d'un idéal, ils sont en revanche aux avant-postes pour défendre des causes.

La première d'entre elles est la défense de la planète. Cette jeunesse se revendique, à juste titre, comme la « génération climat ». L'approche *globale change* est au cœur de ses préoccupations. Cela tombe bien, elle est au centre de l'héritage des JOP. De même, la volonté inclusive de Paris 2024 fait écho à l'attachement de nos jeunes à l'égalité, valeur républicaine qu'ils placent en premier afin de construire une société plus solidaire. Autre grande cause chère aux 15-30 ans, la lutte contre le racisme, pour laquelle la jeunesse trouvera en Paris 2024 le premier des alliés. Les JOP sont, par excellence, la fête de l'amitié entre les peuples et, par essence, le rassemblement de la diversité le plus abouti.

Toutes ces connivences constatées entre notre jeunesse et Paris 2024 peuvent nous faire espérer le moment venu que cette génération 2024 vibre au rythme des JOP. Qu'elle entre en fusion avec l'événement. Cela serait la plus grande réussite de l'entreprise Paris 2024. Dans cette perspective, outre la Sop, les organisateurs se donnent les moyens de s'adresser à tous les jeunes. Mobiliser tous les jeunes, c'est dépasser le cadre sportif, c'est aller à la rencontre de publics éloignés d'approches classiques du sport.

Dans le cadre de son « Agenda 2020 + 5 », nouvelle feuille de route stratégique adoptée en mars 2021 autour de quinze recommandations, le CIO se donne pour mission et, à travers lui, le Cojop, « d'aller à la rencontre de nouveaux publics au-delà de la communauté olympique. Dialoguer et interagir avec divers groupes sociaux, en concentrant l'attention sur différentes catégories de population, ainsi que différents lieux géographiques et centres d'intérêt. Favoriser le dialogue à travers la culture et l'éducation, en exploitant des programmes destinés à un public plus vaste que la communauté olympique. En identifiant les groupes qui n'ont pas été encore exposés aux valeurs de l'olympisme et en association avec les recommandations 8 et 10 (développement de l'engagement numérique auprès du citoyen et renforcement du rôle du sport comme partenaire de la durabilité) de "l'Agenda 2020 + 5", nous pensons qu'il est possible d'atteindre ces groupes par le biais de leurs centres d'intérêt, tels que la musique, la mode et les réseaux sociaux[11]. »

Au regard de ces nouvelles prérogatives de l'instance de Lausanne, on comprend mieux la logique d'intégrer les sports urbains dans la programmation olympique de 2024. Le lien entre Paris 2024 et la Seine-Saint-Denis prend là aussi tout son sens. Le but est de créer des passerelles avec tous les jeunes afin de les faire se rassembler autour du projet olympique. Il faut absolument éviter le sentiment « ce n'est pas pour nous », comme le rappelle la championne du monde de handball Allison Pineau[12]. Certains jeunes ou habitants des quartiers difficiles pourraient avoir cette pensée à propos des JOP. Pour l'éviter, l'olympisme s'ouvre à de nouvelles pratiques et à de nouvelles cultures.

En février 2019, un papier du *Parisien* titrait : « La breakdance aux JO de Paris, c'est sérieux[13] ? » Oui, c'est très sérieux. Cette ouverture au hip-hop, comme le rappela l'auteur de l'article, permet au CIO de « rajeunir son audience ». Elle convie surtout de nouveaux publics à s'intéresser aux JOP et, en conséquence, à s'imprégner des valeurs de l'olympisme.

Fidèle à cet esprit, le Cojop a lancé son Club Paris 2024 en 2019. Il est ouvert aux plus de quinze ans (l'âge de la majorité numérique). Il y avait eu une hésitation pour l'ouvrir aux mineurs mais Romain Lachens, directeur de l'Engagement à Paris 2024, a très vite saisi l'importance de l'élargir aux plus jeunes. Ce club organise des rencontres virtuelles ou en présentiel entre le monde du sport et de nombreux jeunes. Il a une approche ludique, proposant des challenges comme celui, lors du J-1 000, le 31 octobre 2021, consistant à défier Eliud Kipchoge, le meilleur marathonien du monde, sur les Champs-Élysées.

Ces rendez-vous avec des monstres sacrés du sport prouvent que les jeunes ont besoin d'exemples. Il ne faudrait pas l'oublier. Pour cette génération, l'heure n'est pas qu'au virtuel.

Un exemple nommé Estanguet

« Cette jeunesse "désidéalisée" n'est pas pour autant en reste de héros[14] », indique Frédéric Dabi. Le monde de l'olympisme peut lui en offrir. Il peut l'inviter au dépassement de soi. N'est-ce pas crucial pour une génération empreinte au doute ?

« La plus belle victoire, c'est celle que l'on gagne sur soi-même », disait Platon. Cette maxime est au cœur de l'esprit sportif. Tous les grands champions l'ont, un jour ou l'autre incarnée. Tony Estanguet le premier. Lui dont le « destin devait passer par cette folie de battre [son] frère, [son] modèle[15] ». À l'occasion de la sélection pour les Jeux de Sydney, en 2000, une seule place était réservée, en canoë monoplace, pour la France. Patrice – médaillé à Atlanta en 1996 – et Tony Estanguet durent s'affronter pour se qualifier aux Jeux australiens. « Pour chacun d'entre nous, cela a été un moment terrible. Notre rêve, à tous les deux, était d'aller aux Jeux ensemble[16] », se remémore Tony Estanguet.

Ce dernier l'emporta sur son aîné, d'un cheveu. « Cet épisode m'a donné une force inouïe[17] », confiera-t-il vingt ans plus tard. Par la suite, Patrice entraînera son frère, et ensemble ils remporteront la troisième médaille d'or de Tony aux Jeux de Londres. Cette incroyable histoire montre aussi le tempérament de celui qui préside aux destinées de Paris 2024.

De l'avis de beaucoup d'observateurs, un deuxième tournant se produisit dans son ascension. Il eut lieu le 17 février 2016, à la Philharmonie de Paris. Ce jour-là, face à tous les soutiens de la candidature de Paris réunis, il fendit l'armure. Devant des tambours urbains, en guise de décors, il trouva le rythme, la mélodie et l'harmonie. « Ce discours c'était comme une mue », témoigne Sophie Guillon-Morel, alors directrice de la communication de Paris 2024. Et d'ajouter : « C'est le jour où j'ai compris qu'il serait le boss[18]. » La prestation perturba Manuel Valls, Premier ministre en exercice, qui prit ensuite la parole. « C'est dur de prendre la parole après Tony Estanguet », déclara-t-il. L'ancien canoéiste a su prendre dans un temps record la dimension du poste de président du plus grand événement planétaire. Le costume est à sa taille. « Il a gagné en densité et incarne bien les Jeux[19] », affirme Michel Cadot. « On a tous été surpris par la rapidité de son apprentissage[20] », confirme Denis Masseglia. Son intervention remarquée lors du grand oral à Lausanne en juillet 2017, devant le CIO, dans une situation « où il fallait gagner 2024 et non 2028[21] », marqua également les esprits. Elle eut un impact positif quant à son positionnement dans l'univers sportif international.

Homme de sang-froid, posé, déterminé, ce champion d'exception sait où il va. Il est insensible à la pression, y compris des politiques. Il travaille cependant en bonne intelligence avec eux. « J'échange quotidiennement avec les acteurs publics engagés dans le projet[22] », dit-il. Il n'est pas du sérail, ce qui fait sa force mais dans les faits il a un grand sens politique. Ce roi du selfie aime à surprendre. « Dès le départ, il a eu la volonté de casser les codes pour que les Jeux de Paris ne soient pas les énièmes Jeux[23] », explique Thierry Reboul.

Le président de Paris 2024 veut bousculer pour que les JOP puissent être une grande réussite française. Il sait aussi être élégant. Alors que je n'étais plus en responsabilité à la Région Île-de-France, il m'invita à la cérémonie pour la réception du drapeau olympique en août 2021. Je ne pus m'y rendre, mais ce genre d'attentions ne s'oublie pas. La force de Tony Estanguet réside dans sa grande capacité à générer du positif, de l'adhésion et de l'enthousiasme. Il transmet de l'énergie à son interlocuteur. Aujourd'hui, plus personne ne conteste sa légitimité. Il a gagné son premier pari : être le patron. Le second sera de réussir les Jeux.

Ce parcours inspirant ne peut être qu'un exemple pour notre jeunesse. Formons le vœu qu'à travers la trajectoire de Tony Estanguet mais aussi à travers celles de tous les champions qui peuplent l'univers de Paris 2024, elle trouve des sources de motivation, d'émotion, ainsi que de la fantaisie pour réaliser ses projets et, pourquoi pas, une partie de ses rêves. Les Jeux l'invitent à voir en grand. Et à se projeter.

Dans l'Antiquité, les Jeux sacralisaient la jeunesse. Aujourd'hui, ils doivent lui apporter de l'espérance, des objectifs communs, de l'optimisme, de la confiance en notre pays, et l'occasion de participer à une immense fête. La fête d'une génération.

9

Pour une nation sportive

La Courneuve, 20 octobre 2021. Terrain multisport. Avenue Henri-Barbusse. Animation dans le cadre du partenariat des associations Fête le Mur et Planet Citizens.

Ce matin-là, à La Courneuve, dans la zone nord de la « cité des 4 000 » en pleine rénovation dans le cadre d'un projet de l'Anru, comme tous les mercredis et samedis, sur un terrain multisport, chacun pouvait entendre : « *Good job* », « *Go, go, go!* », « *Stand still* », « *Are you ready?* », « *You are free again* », « *Who wants to go first?* », « *Shoot!* », « *Take the red ball* »... Ces encouragements, indications et questions dans la langue de Shakespeare sont l'œuvre de Lizzy, Ingrid et Maja. Elles coachent des enfants entre 5 et 10 ans. Toutes trois ont candidaté, *via* le programme européen Erasmus+, pour participer au « corps européen solidaire ». Elles viennent de Hollande, d'Estonie et d'Allemagne. Elles ont été recrutées par l'association Planet Citizens, qui développe la pratique sportive avec un coaching en langue anglaise dans des quartiers prioritaires de la ville. L'objectif de l'association, selon son fondateur Arthur Vincent, « est de s'adresser aux publics non captifs, non licenciés ».

Dans ce partenariat, Planet Citizens s'occupe de recruter et de loger de jeunes volontaires européens âgés entre 18 et 24 ans, Fête le Mur gère l'inscription et l'accompagnement des enfants. Cette initiative illustre l'étendue de ce que le sport peut apporter dans notre société. Elle coche de nombreuses cases : le lien social, le partage, la solidarité, le respect des règles… À cela s'ajoute l'apprentissage de l'anglais. « Dans le jeu, ils comprennent. Ils entendent la musicalité de la langue. Grâce aux répétitions, ils progressent », analyse Mohamed Assaoui, responsable local de Fête le Mur. Cette association créée par Yannick Noah en 1996, implantée dans soixante-douze villes, accompagne plus de neuf mille enfants par an dans cent trente-quatre quartiers prioritaires.

Ce travail associatif, souvent soutenu par les collectivités locales, est fondamental. Il est l'œuvre d'éducateurs et de bénévoles motivés, enthousiastes et impliqués. Ces personnes forcent l'admiration. Les Jeux doivent être l'occasion de leur rendre hommage, de les soutenir et d'accroître leur audience auprès d'un maximum de jeunes. Les Jeux sont un rendez-vous historique pour avoir un autre regard sur le sport dans notre société et développer la pratique sportive.

Une formidable opportunité

Selon Denis Masseglia, nous devons passer « d'une nation de sportifs à une nation sportive[1] ». Formule reprise par Jean-Michel Blanquer lors des Jeux de Tokyo puis par Emmanuel Macron[2]. « Les Jeux sont une opportunité incroyable pour changer la place du sport dans la société[3] », confirme Brigitte Henriques.

C'est le but des organisateurs des Jeux. « Notre première ambition est de convaincre les Français que le sport doit faire partie de leur quotidien. Nous travaillons à ce mouvement de fond. Le sport dans l'éducation. Le sport au travail. Le sport pour faire vivre les valeurs républicaines. Le sport pour la santé pour tous[4] », revendique Marie Barsacq. « L'objectif pour nous est de construire un modèle de société où le sport a plus de place[5] », confirme Tony Estanguet.

Le Cojop ne pourra le faire seul. Les Jeux sont un levier. La mobilisation pour relever ce défi est l'affaire de tous : politiques, chefs d'entreprise, responsables associatifs, mouvement sportif, médecins, communauté éducative... Tous doivent reprendre à leur compte que « la pratique du sport est un droit de l'homme[6] ». Le sport peut et doit servir à resserrer les liens entre tous. C'est un outil d'aménagement du territoire. Il fédère sociologiquement partout en France. Il engendre de l'engagement. Il véhicule des valeurs éducatives fortes. Il est un facteur puissant d'inclusion. C'est un instrument essentiel de santé publique. « Le sport a le pouvoir de changer le monde. Il a le pouvoir de changer les gens d'une manière quasi unique. Le sport peut créer de l'espoir là où il n'y avait que du désespoir », disait Nelson Mandela.

C'est pour toutes ces raisons que les Jeux doivent être un mouvement de basculement dans notre vision collective du sport. La pratique du sport pour tous doit devenir une habitude dans la durée. Selon Marie Barsacq, il s'agit « d'une ambition à faire partager bien avant les Jeux.

Très tôt, on a créé une dynamique dans ce sens. C'est un point de différentiation avec les éditions précédentes des Jeux[7] ». Espérons que cette révolution culturelle est en marche et que, désormais, rien ne l'arrêtera.

Pour la mener à son terme, nous ne partons pas de zéro. Et c'est heureux. Le sport en France est un vivier d'énergie et de bonne volonté : 360 000 associations (24 % des associations), 35 millions de pratiquants, 18 millions de licenciés (dont la moitié a moins de 20 ans[8]) sans oublier les 3,5 millions de bénévoles que revendique le mouvement sportif. « Le sport est le premier secteur d'engagement du pays[9] », écrit Jacques Attali. « Il est l'activité préférée des Français[10] », ajoute, sur la base d'études récentes, le sociologue Bertrand Pulman dans son excellent ouvrage *Hyperformance*. Le nombre de sportifs, la foule sur les routes du Tour de France et les audiences télévisuelles le démontrent.

Cependant, le sport en France est un géant aux pieds d'argile. Il est un nain politique. Dans notre pays, il souffre de condescendance, de manière structurelle. Les Jeux doivent être avant tout l'*aggiornamento* d'un autre regard sur le sport.

De l'art sportif

À commencer par le spectacle sportif. N'en déplaise à une certaine intelligentsia, il est un art. Comme toute autre expression artistique, il suscite des émotions. « Son esthétique est de même nature que l'expression culturelle, le sport est indissociable de la culture[11] », avance Jean-François Vilotte, l'ancien directeur général de la

Fédération française de tennis. Nombreux sont les sportifs qui recherchent le geste parfait. Ils sont des créateurs. « Ils font des choses que les autres ne font pas[12] », mentionne Tony Estanguet. Ce qui est le propre de la création.

Le saut de Bob Beamon, le 18 octobre 1968, aux Jeux de Mexico, à 8,90 mètres, est sans doute un des plus grands moments de la création sportive. Avec un bond de 55 centimètres de plus que le record précédent, cet exploit permit au dictionnaire du sport de s'enrichir d'un nouveau mot : « beamonesque ». Quarante-quatre ans plus tard, c'est le même état d'esprit qui anima la championne paralympique Marie-Amélie Le Fur, aux Jeux paralympiques de Londres en 2012, avec un saut de 5,83 mètres, nouveau record du monde à l'époque, qui lui permit d'accéder à la première marche du podium. En 2021, à Dubaï, cette grande championne paralympique alla encore plus loin avec un bond de 6,14 mètres.

Dans la même dimension beamonesque, souvenez-vous des prestations de Nadia Comaneci aux Jeux de Montréal en 1976. Rappelez-vous du 100 mètres de Carl Lewis aux Jeux de Los Angeles en 1984. Remémorez-vous les paniers de Michael Jordan avec la *dream team*[13] lors des Jeux de Barcelone en 1992. Pensez au revers à une main de Roger Federer. Tous ont en commun le geste unique, fruit d'un travail acharné. La création sportive est une émanation aboutie de l'intelligence humaine. Le sport à haut niveau, c'est l'alliance du créateur et du stratège. C'est la synthèse entre Noureev et Kasparov, en particulier pour les sports collectifs.

Oui, le sport est « un mode d'expression[14] », estime l'historien Olivier Faron ; et de citer la chorégraphe Régine

Chopinot : « Tout passe par le corps. » Nous pensons par le corps, théorise le psychologue Tobie Nathan. Le champion sublime cette pensée. Il est toujours en quête du geste le plus abouti. Il y a une dimension académique dans sa recherche du geste génial. Comme le chanteur d'opéra ou le pianiste faisant ses gammes, l'athlète répète plus de cent fois par jour certains mouvements pour, le moment venu, être en capacité de créer, de surprendre et d'émouvoir. Mais aussi de gagner.

Pour aller quérir la perfection, le sprinter français Jimmy Vicaut « est allé jusqu'à travailler avec la danseuse et chorégraphe Armelle van Eecloo, intervenante en optimisation du geste, qui a développé des exercices très fins, relatifs à la posture du pied, du bassin ou des bras pour permettre à l'athlète d'améliorer sa mobilité et sa souplesse, et de conquérir des fractions de seconde supplémentaires[15] », raconte Bernard Pulman.

La condescendance française à l'égard du sport

Fort de ce constat, certaines saillies intellectuelles, outre leur caractère hautain, semblent bien éloignées du ressenti d'une majorité de Français. Elles sont aux antipodes de la vision du monde universitaire anglo-saxon quant à l'importance du sport et à sa dimension créative. Cependant, elles ambiancent un système français plus à l'écoute des sentences de Saint-Germain-des-Prés que des vibrations du Stade de France.

Dans une tribune publiée en septembre 2016, Luc Ferry, décidément récidiviste en matière de mépris pour le sport, concluait ainsi son texte : « Le sport n'est qu'un jeu pour grands enfants, les sportifs ont du talent, certes, mais point de génie. Zidane n'est pas Bach ni Ribéry Einstein. Alors, cessons de décérébrer nos enfants en leur faisant croire le contraire par une inversion des valeurs au plus haut point nuisible à la formation des esprits[16]. »

Chacun appréciera le sens de la nuance d'un ancien ministre de l'Éducation nationale. En lisant de tels propos, on comprend mieux que le sport ait eu tant de mal à être pris en considération au sein de cette vénérable institution. Avant d'écrire cela, Luc Ferry aurait pu relire certains philosophes grecs positifs sur la gymnastique et la lutte. La légende veut d'ailleurs que Platon ait lui-même concouru aux Jeux panhelléniques.

En France, « il y a une certaine condescendance », s'indigne à raison l'avocat Jean-François Vilotte. Et d'enfoncer le clou : « On dénie à l'amateur de sport, ce que l'on reconnaît à d'autres. Si vous êtes un fervent spectateur ou téléspectateur d'athlétisme, on ironise sur votre peu d'empressement à aller courir. Est-ce que l'on demande à un amateur d'opéra de chanter, à un visiteur d'exposition de peindre ou à un spectateur de théâtre de jouer la comédie[17] ? » De même, il est de bon ton, au sein d'une partie de l'élite française, de s'offusquer des salaires astronomiques de certains sportifs, mais pas des cachets mirobolants d'acteurs ou de chanteurs.

Il est temps que la France rejette cet aberrant diktat intellectuel voulant objecter la culture au sport. Dans une tribune, un collectif de sportifs se mobilisa en ce sens. « Pourquoi opposer les gens, les goûts, les passions ? [...] Pourquoi opposer le sport et la culture, alors qu'ils devraient être deux piliers d'épanouissement comme dans de nombreux pays ? Notre société a besoin de pluralisme, d'entraide et de bienveillance. Toutes les expressions et émotions culturelles, artistiques et sportives se valent et doivent être enseignées. Nous, sportifs de haut niveau, acteurs du sport, élus et bénévoles, ou simples amoureux du sport, sommes convaincus de tout ce qu'elles apportent à notre société et nous continuerons de les défendre, la passion et la conviction chevillées au corps[18]. » Voilà une déclaration qui va dans le bon sens.

Le sport comme la culture ne doivent pas être l'expression de corporatisme mais l'incarnation de valeurs universelles. Ils sont deux fondements indispensables à l'épanouissement de la nature humaine. Le concert que donnèrent Placido Domingo, José Carreras et Luciano Pavarotti à Rome, à la veille de la finale de la Coupe du monde de football de 1990, est un exemple à reproduire. Il constituait un symbole fort entre le monde de la culture et celui du sport. Le disque de ce récital se vendit à des millions d'exemplaires à travers le monde.

Une source d'émotions partagées

Acceptons enfin l'idée que le sport soit l'égal de la culture. Qu'il est l'autre versant d'une même colline. Celle qui mène au sommet de l'émotion. Le sport en est une source inépuisable. Par son incertitude, ses créateurs, sa quête du dépassement de soi, il génère des sensations incroyables. Des joies intenses. Des angoisses qui le sont tout autant. Des sentiments à Mach 2.

À titre d'exemple, ma génération a été marquée par cette tragédie racinienne que fut la demi-finale France-Allemagne à Séville en 1982. Vingt-trois ans plus tard,

Pierre-Louis Basse écrivit un magnifique livre[19] pour exprimer le ressenti sur le sujet de toute une génération voire de tout un pays. Il le dédia à « tous ceux qui ont perdu le sommeil depuis le 8 juillet 1982 à 23 heures ». Cela peut paraître excessif, mais pour beaucoup d'entre nous, ce match fut gravé à jamais dans nos esprits tant il fut intense, incertain, beau avec un finale insupportable. « Un match où il y a tout, tous les sentiments de la vie. Aucun film, aucun livre, aucune pièce de théâtre ne peut faire vivre un moment pareil. Tu ressens en une heure trente toutes les émotions possibles. Et en plus ça finit mal, donc là, c'est carrément l'apogée du romantisme[20] », témoigne Michel Platini. Il est à noter que de nombreuses personnes nées vingt ou trente ans plus tard ont vu ce match. Il fait partie de notre patrimoine national.

Preuve que la magie du sport n'a rien d'éphémère. « Un parfum d'éternité l'accompagne », disait Antoine Blondin à propos de l'olympisme. Le sport génère du souvenir. « Les sportifs offrent un vrai rêve à beaucoup d'enfants[21] », confirme le paléontologue Yves Coppens. Il est vrai que le sport est un marqueur de l'enfance. Chacun d'entre nous a sa madeleine de Proust sportive. « Le sport crée du commun[22] », analyse Frédéric Dabi.

Dans un très joli livre, *Le Grand Saut*[23], le journaliste Renaud Dély retranscrit bien l'émotion suscitée par le champion chez un enfant et la souvenance ineffaçable qu'elle entraîne. À travers le parcours de Pierre Quinon, champion olympique de saut à la perche à Los Angeles en 1984, l'adolescent se construit. À l'époque, Dély a quinze ans. Trente-sept ans plus tard, il se souvient de ce moment inoubliable où Quinon a décroché l'or. Trente-sept ans après, il n'a oublié aucun détail du lieu où il était, du décalage horaire, du son de la télé, du regard de l'athlète perdu dans l'immense Los Angeles Memorial Coliseum…

Lui était en Corse. Moi, j'étais dans le Gers. Je me rappelle cet exploit comme si c'était hier. Je l'avais regardé dans la cuisine d'un paysan gascon qui accueillait sur son terrain un camp scout d'apprentis archéologues auquel je participais. Cet agriculteur s'appelait M. Ducasse. Plus de quarante ans après, il mérite d'être salué.

Après avoir lu *Le Grand Saut*, je proposai à Renaud Dély de partager un déjeuner. Il accepta. Nous nous connaissions sans nous connaître. Nous n'avions échangé que des banalités professionnelles, lui comme journaliste politique, moi comme collaborateur de Philippe Séguin, puis de François Fillon. Alors que nous n'avions pas échangé depuis plusieurs années, nous avons passé deux heures à converser sur la génération Platoche, le « carré magique », Noah, Quinon… Un délice ! C'est fou ce que le sport rapproche. Deux hommes de plus de cinquante ans, aux parcours différents, éprouvent trente ou quarante plus tard des sensations identiques à l'évocation des héros sportifs de leur jeunesse. C'est en cela que le sport est irremplaçable. Que serait la vie sans souvenir ? Un champ du néant. Heureusement qu'avec le sport les souvenirs se ramassent à la pelle, pour paraphraser une célèbre chanson[24].

La mémoire est aussi vive que les émotions furent fortes. « Avec mon père, j'avais six ans, j'écoutais à la radio les exploits d'Alain Mimoun en 1956 aux Jeux de Melbourne. C'est une mémoire audio inoubliable[25] », témoigne, soixante-cinq ans plus tard, Patrick Braouezec.

La force du sport réside dans sa capacité à produire du suspense. Les plus anciens pourraient vous conter l'incroyable finish du 400 mètres des Jeux de Rome, en 1960, où l'Allemand Carl Kaufmann et l'Américain Otis David finirent ex aequo en 44 s 9, battant le record du monde. La photo finish donnera la victoire à l'Américain.

Plus près de nous, la finale à l'épée en individuel des Jeux de Séoul, en 1988, qui vit le Français Philippe Ribout perdre d'une touche, à la « mort subite », contre l'Allemand Schmitt (12 à 11), aurait dû être interdite aux cardiaques. L'épéiste trouva cependant l'énergie quelques jours plus tard pour décrocher l'or avec ses complices de l'équipe de France, Éric Srecki, Jean-Michel Henry, Olivier Lenglet et Frédéric Delpla.

Les Jeux, c'est aussi la possibilité de voir David triompher de Goliath. Le match USA-URSS, le 22 février 1980, lors du tour final du tournoi de hockey sur glace aux Jeux d'hiver de Lake Placid en fut une incroyable démonstration. Face à l'équipe soviétique, surentraînée et grandissime favorite, l'équipe des États-Unis l'emporta, contre toute attente. Cette équipe américaine était constituée d'une bande de jeunes universitaires, à l'esprit chevaleresque, qui devant son public en liesse se sublima. Cette victoire fut qualifiée de « miracle de la glace ». Deux jours plus tard, les Américains battirent la Finlande et devinrent champions olympiques. Cette histoire est devenue légende. Elle est, comme de nombreux exploits sportifs, vertigineuse.

Les Jeux sont inventeurs de surprise. Aux Jeux, tout est possible. Aux Jeux, « impossible n'est pas français ». Cet adage, l'épéiste Romain Cannone, parmi tant d'autres, sut à la perfection le mettre en musique lors des récents Jeux de Tokyo. Parti à la quarante-septième place mondiale, il revint de l'empire du Soleil-Levant avec la médaille d'or en battant en finale le Hongrois Gergely Siklósi, numéro 1 mondial. L'histoire olympique et paralympique française regorge de ce genre de performances. De bon augure pour Paris 2024 !

Qui connaît les Jeux connaît le frisson. Cela est vrai pour les athlètes comme pour les spectateurs et téléspectateurs. Frisson lors de la cérémonie d'ouverture des Jeux d'Atlanta, lorsque Mohamed Ali alluma la flamme olympique. « Mon plus grand souvenir olympique, comme athlète c'était spécial[26] », raconte Étienne Thobois. Tony Estanguet évoque l'allumage de la flamme par Cathy Freeman aux Jeux de Sidney. « J'y ai pris beaucoup d'énergie. Cela a été un déclic[27] », se souvient-il.

Frissons multiples aux Jeux paralympiques, où des femmes et des hommes au corps meurtri par l'injustice ou des accidents de la vie atteignent des sommets. Tous sont des exemples de transcendance. Ils nous invitent à l'humilité et au dépassement.

Frisson au départ de la finale du 100 mètres, avec Usain Bolt aux Jeux de Pékin, de Londres ou de Rio. Ce moment où le temps s'arrête. Où chacun retient son souffle avant de réaliser l'exploit ou de l'admirer.

Frisson improbable, à l'occasion des Jeux d'Atlanta en 1996, que m'a rapporté le Dr Alain Toledano, grand cancérologue[28]. Dans la nuit du 29 au 30 juillet, alors jeune étudiant en médecine, il se trouvait dans une boîte de nuit. Sur un écran géant étaient diffusées les épreuves olympiques. Au départ, un peu dans l'indifférence générale, le concours du saut en longueur commença. Progressivement, le silence s'installa. La musique stoppa.

Les danseurs ne bougèrent plus. Carl Lewis s'élança. La salle retint son souffle. Le roi Lewis bondit à 8,50 mètres pour aller décrocher son ultime médaille d'or. À plus de 7 000 kilomètres de l'exploit, une clameur admirative s'ensuivit dans la salle. La nuit parisienne reprit ensuite ses droits. C'est cela aussi la magie des Jeux.

Vers une gouvernance simplifiée

Au regard de tout ce que le sport procure en termes de joie, d'émotion, d'intensité, de souvenir, de bien-être, de valeurs… », des JOP réussis doivent permettre une révolution des mentalités quant à la place du sport au sein de la société[29] », espère le sociologue Bertrand Pulman. Formons le vœu qu'ils soient un déclic psychologique.

Fort de ce que représente le sport pour de nombreux Français et pour notre société, il serait bien qu'il prenne également du galon en matière politique. Il serait nécessaire qu'il soit à sa place dans le jeu institutionnel. On assiste depuis de nombreuses années à un paradoxe. Le sport passionne un nombre croissant de Françaises et de Français et, en parallèle, on assiste à son effacement politique.

Les Jeux sont l'occasion de redonner un poids politique au sport, au sens noble du terme. Au sens où le sport contribue à améliorer le quotidien de beaucoup et à faire progresser la société autour de principes fondamentaux pour le vivre-ensemble. Si nous ratons le coche dans le cadre de l'organisation des Jeux, il est à craindre que la France reste en seconde division sur le sujet.

Dans cette perspective, le Parlement pourrait donner l'exemple. Le terme « sport » n'apparaît pas dans les intitulés des commissions parlementaires en charge du sujet. La présence du sport au Parlement se limite à des groupes thématiques informels qui n'ont pas de prérogatives dans le déroulement du travail parlementaire.

Alors que la pratique sportive concerne des millions de nos compatriotes, n'est-ce pas surprenant ? À l'Assemblée nationale, c'est la Commission des affaires culturelles et de l'éducation qui est en charge des questions sportives. Au Sénat, il s'agit de la Commission de la culture, de l'éducation et de la communication. En 2022, le terme « communication » est donc plus important que celui du sport, aux yeux de la haute assemblée. On se pince pour y croire. N'est-ce pas révélateur d'un malaise français en la matière ? Un tel oubli illustre l'absence, chez des gens sérieux, de prendre au sérieux le sport. C'est pourquoi les JOP en France doivent être l'an I d'une nouvelle approche.

Nous le réaffirmons, à deux ans des Jeux, il paraît difficile de changer la place du sport dans l'architecture gouvernementale. En revanche, il serait utile de gagner en lisibilité et en fluidité. Nous sommes face à un maquis inextricable qu'il serait bon de défricher. « Pour comprendre l'organisation du sport français, il faut y mettre une sacrée dose de bonne volonté[30] », analyse la journaliste Sandrine Lefevre, pourtant spécialiste du sujet. Au regard du nombre d'acteurs (ministère, mouvement sportif, fédérations, ANS, écosystème de Paris 2024, collectivités locales...), il n'est pas toujours aisé de répondre à deux questions simples : qui fait quoi ? Et avec qui ?

Le sport français devrait reprendre à son compte ce vieux principe théologien qu'est la subsidiarité. Pensé par saint Thomas d'Aquin, ce principe avait établi que ce qui est bon pour la paroisse reste à la paroisse, ce qui est bon pour l'évêché reste à l'évêché. Ce principe doit se décliner davantage au sein de l'organisation du sport français.

Le quinquennat qui vient de s'achever a eu le mérite de vouloir mettre en place une gouvernance plus partagée avec la création de l'Agence nationale pour le sport (ANS). Le postulat de départ était, à raison, de rappeler que l'État n'est ni le seul financeur et ni le seul acteur du sport. C'est indiscutable notamment si on se réfère à l'engagement des collectivités locales pour les infrastructures sportives de proximité. Plus de 80 % des installations sportives sont détenues par les collectivités[31]. Ce choix avait aussi en ligne de mire « de mettre fin à l'entre-soi au sein du ministère des Sports », note un haut fonctionnaire influent. Cette césure du ministère ne se fit pas sans friction.

Le gouvernement d'Édouard Philippe voulut, en créant l'ANS, instaurer un nouveau modèle partenarial en regroupant les missions du défunt CNDS[32], mis en place par Jean-François Lamour en 2006, et la préparation du haut niveau. L'objectif est de donner davantage d'autonomie au mouvement sportif, ce qui est une excellente orientation, et d'intéresser la sphère privée au financement du sport. Dans cette logique, le financement de la nouvelle ANS doit, selon la loi du 1er août 2019, être réparti de la manière suivante : 30 % par l'État, 30 % par les collectivités locales, 30 % par le mouvement sportif et 10 % par les entreprises.

Outre les problématiques juridiques que nous avons déjà évoquées, relatives à la mise sur orbite de l'ANS, l'État s'est vu opposer, dans un premier temps, un refus des collectivités de participer financièrement à l'aventure. On peut d'ailleurs regretter que les régions aient fait preuve de conservatisme. D'autant plus qu'elles ont désormais un rôle majeur concernant l'aménagement sportif du territoire. Quant aux entreprises, leur participation est aujourd'hui « epsilonesque ». Conclusion, le financement de l'ANS est aujourd'hui assuré à 98 % par l'État. « On a donc partagé le financement mais pas la gouvernance », grince un haut fonctionnaire. « Si les partenaires – collectivités et entreprises – ne participent pas au pot commun national, dans les faits, ils participent au financement de projets lancés par l'ANS sur les territoires. Et c'est bien l'État qui fixe la stratégie tout en garantissant une plus grande collégialité », rétorque un autre haut fonctionnaire favorable au projet de l'ANS.

« L'agence est au milieu du gué. Il faut aller plus loin. Elle doit prendre son rythme de croisière[33] », convient Michel Cadot, qui la préside. L'ANS a l'avantage d'être un levier d'action plus rapide qu'une administration centralisée. La réussite de ce groupement d'intérêt public passera par la construction de solutions de terrain, avec des financements rapides.

C'est pourquoi il serait fâcheux de tout remettre en cause. Là aussi, comme pour le pôle performance, il serait contreproductif de tout désorganiser pour tout changer à l'approche des Jeux. D'autant plus que la philosophie du projet était la bonne. La méthode n'a pas toujours su être efficace. La pandémie n'a pas permis de respecter les calendriers. La période, pour nombre d'entreprises, n'a pas été propice à l'investissement dans l'organisation nationale du sport. Le calendrier électoral et l'enchaînement des élections n'ont pas encouragé la concertation des acteurs.

Un ministère renforcé et recentré

Le quinquennat qui s'ouvre se devra de remettre l'ouvrage sur le métier. L'État doit redonner de la densité politique au ministère des Sports. Il doit pour cela le recentrer sur trois priorités : l'éthique, le soutien au mouvement sportif et la stratégie.

Garantir l'éthique dans le sport est une mission première de l'État. Beaucoup a été fait, notamment en matière de lutte contre le dopage à partir des années 2000. Nous devons aller encore plus loin pour protéger les athlètes en nous appuyant sur les recommandations du CIO dans le cadre de l'« Agenda 2020 » et de l'« Agenda 2020 + 5 ». L'État, *via* le ministère des Sports, doit s'assurer de l'intégrité des compétitions. On pourrait imaginer la création d'un « Tracfin du sport », placé sous l'autorité du ministre, pour lutter contre tous les maux qui menacent : corruption, manipulation, paris truqués… À ses côtés, une autorité indépendante pourrait voir le jour concernant l'intégrité du sportif : protection de l'enfance, lutte contre le dopage – ce qui entraînerait la fusion de l'AFLD[34] avec cette nouvelle structure – et lutte contre les différentes formes de harcèlement.

Accompagner le mouvement sportif dans sa mue est également une affaire d'importance pour le ministère des Sports. Ce mouvement n'est pas homogène. Les différences peuvent être titanesques entre les fédérations, d'abord entre celles olympiques et celles non olympiques, puis entre celles liées à des sports professionnels et celles attachées à la pratique 100 % amateur. Certaines sont en crise, comme l'illustrent les dernières péripéties au sein de la Fédération d'athlétisme. D'autres sont innovantes comme la Fédération de basketball.

Cette hétérogénéité du sport français, Brigitte Henriques, la présidente du CNOSF, en a conscience. Dans son programme de juin 2020, elle indiquait que « le sport français a besoin d'innover, de se renouveler et ainsi de trouver de nouvelles sources de revenus, de développement et d'exploitation des datas[35] ». Elle invite à une véritable transformation des fédérations. Un plan d'accompagnement du CNOSF se met en place à cet effet. Le ministère se doit d'en être un soutien affirmé. Dans cette optique, il doit continuer à nommer et à coordonner les DTN dans les fédérations et à jouer son rôle en matière de réglementation sportive.

Positionner le ministère comme stratège contribuera à son renforcement politique, que nous appelons de nos vœux. Avec la création de l'ANS, il se doit d'être moins opérationnel et plus visionnaire. Pour cela, il lui faut se doter d'un meilleur appareil statistique, et être en capacité de disposer d'une photographie en temps réel du taux d'équipement sur les territoires. Il se doit de se projeter et de mener des réflexions stratégiques.

Dans la période qui s'ouvre, le ministère des Sports pourrait mener un double approfondissement de sa relation avec le mouvement sportif. Deux principaux liens juridiques unissent le ministère aux fédérations : la délégation de service public et la convention d'objectifs.

Le premier lien consiste à déléguer aux fédérations l'organisation des compétitions du niveau du district à l'échelon national. Sur ce sujet, les fédérations s'inscrivent dans un dispositif pyramidal en lien avec les fédérations internationales. « Le mouvement sportif est indissociable du sport compétitif. Il en est la condition. C'est un ordre juridique privé très abouti qui n'a pas attendu que l'État lui délègue l'organisation des compétitions[36] », remarque Jean-François Vilotte.

Est-ce donc à l'État de déléguer cette organisation ? La question se pose. Le vrai enjeu du service public du sport est-il dans l'organisation des compétitions ou dans le fait d'accompagner des politiques publiques en matière d'insertion, de santé et d'éducation ? Ne faudrait-il pas donner plus de liberté aux fédérations dont l'ADN et l'intérêt sont d'organiser des compétitions pour leurs licenciés ? Aller dans ce sens permettrait à l'État de se décharger d'obligations pour lesquelles il n'est pas, d'évidence, le plus compétent. De manière simultanée, l'État renforcerait son action dans des domaines liés à sa compétence. Il renforcerait également son exigence et ses contrôles sur les questions d'éthique. À débattre !

Le deuxième lien de l'État avec les fédérations s'articule autour des conventions d'objectifs. Ces dernières sont annuelles ou pluriannuelles. Elles concernent des sujets divers et variés. En contrepartie d'un soutien financier de l'État, les fédérations conduisent des politiques impactantes concernant les territoires ruraux et périphériques, le développement du lien entre sport et santé, l'intégration de la pratique handisport dans le système fédéral, des programmes éducatifs, la promotion de l'arbitrage, la performance, la pratique féminine…

Ces conventions doivent être soumises à la culture du résultat. L'aide de l'État devrait être davantage proportionnée à la réussite des projets engagés. Des efforts ont été faits en ce sens par le ministère, ils devront être amplifiés. L'ANS veut avoir une approche similaire. À l'avenir, tout euro public donné à une fédération devra correspondre à une utilité sociale.

C'est dans ce cadre que doit être menée, à nouveau, une réflexion sur le corps des CTS[37]. Sujet épineux, comme l'a démontré la polémique au début du quinquennat d'Emmanuel Macron. La réforme du statut des CTS annoncée en 2018 a été abandonnée en 2020. Roxana Maracineanu a su trouver les mots pour éviter que le conflit s'envenime. Il s'agissait de supprimer le statut de fonctionnaire à ces CTS et de donner aux fédérations plus de liberté dans leur recrutement. L'idée était sans doute trop brutale au regard du rôle crucial des CTS dans les petites fédérations. Cependant, de grandes fédérations auraient préféré avoir l'équivalent de la masse salariale en subvention et procéder librement à leurs embauches de cadres. Avouons qu'il y a eu une certaine hypocrisie sur le sujet. Quoi qu'il en soit, le sujet reste entier. Le nombre de CTS est d'ailleurs en baisse. Ils étaient 1 529 ETPT[38] en 2020. Ils ne sont plus que 1 442 en 2022, soit une baisse de 5,7 %. Ce qui ne constitue pas un message clair de mobilisation à deux ans des Jeux. L'essentiel est ailleurs. En termes RH, les cadres techniques sportifs doivent bénéficier d'une meilleure gestion de carrière, avec plus de passerelles au sein ou en dehors de l'administration, plus de formation et plus d'ouverture pour acquérir une dimension interdisciplinaire. C'est important pour eux. C'est indispensable pour le monde fédéral.

De même, le budget que consacre la nation au sport doit être consolidé dans le temps. Toute politique doit s'inscrire dans la durée. Sous l'impulsion d'Emmanuel Macron et sous la direction du tandem Blanquer-Maracineanu, le budget sport a été doublé dans le quinquennat qui vient de s'achever. Il est passé de 507 millions d'euros en 2017 à 1,123 milliard d'euros en 2022, dont une partie conséquente consacrée au financement de l'ANS. C'est significatif. Cette évolution s'explique par la montée en puissance du financement des JOP, la prise en compte de la rémunération des CTS et des mesures nouvelles.

L'objectif va être maintenant de pérenniser ce milliard. Si la nation a consacré un milliard au sport par an avant les Jeux, elle doit pouvoir continuer à le faire dans la période post-Jeux. Cet argent public sera utile pour construire la nation sportive que nous appelons de nos vœux, soutenir le développement et l'accès à la pratique handisport et lutter contre les inégalités relatives à la pratique sportive.

Mieux lutter contre les inégalités

Celles-ci sont nombreuses. Elles concernent, en premier lieu, les territoires. L'organisation des JOP doit être une opportunité pour la puissance publique et le mouvement sportif de léguer une égalité totale pour la pratique sportive sur l'ensemble du territoire. Dans ce domaine, il doit y avoir un avant et un après les JOP.

Pour mémoire, dix-neuf départements ne disposent que de cinq infrastructures pour mille habitants (contre six en moyenne en France[39]). Ces départements enregistrent un taux de pauvreté plus important que sur le reste du territoire. Les installations sportives sont concentrées particulièrement sur le littoral, en montagne et dans les métropoles. Un tiers des communes rurales ne possède pas d'équipement sportif. Beaucoup de ces infrastructures sont vétustes. Quelque 61 % de ces équipements ont été mis en service avant 1995, seul le tiers a été rénové[40]. Les différences peuvent être notables entre les régions : 61 équipements pour 10 000 habitants en Région Centre ou dans les Pays de la Loire contre 23 pour 10 000 habitants[41] en Île-de-France.

Conscients du retard francilien, fruit de deux décennies d'inaction, Valérie Pécresse et son vice-président Patrick Karam, en charge des Sports, ont mis les bouchées doubles. Entre 2015 et 2021, plus de mille équipements ont été créés ou rénovés en Île-de-France, dont les deux tiers en zone rurale ou dans les QPV. Preuve que les régions ont un rôle décisif, à condition d'en avoir la volonté politique. Elles sont le bon échelon pour faire la synthèse entre l'aménagement territorial et l'installation d'équipements de proximité.

Consciente de cette évidence, l'ANS a installé des conférences régionales en 2021 afin de bâtir avec tous les acteurs concernés des stratégies régionales, d'optimiser les besoins et de coordonner les financements.

En même temps, « il y a un besoin d'impulsion nationale pour un déploiement local[42] », estime Sophie Guillon-Morel, rapporteur du groupe de travail sur le sport auprès de Jacques Attali dans le cadre de la préparation de l'ouvrage *Faire réussir la France*[43]. Et de proposer « un plan de dix mille équipements et espaces pratiques en s'appuyant sur une étude nationale identifiant les types d'équipements nécessaires par zone géographique ». Selon elle, ce plan pourrait voir le jour notamment « en favorisant le développement des espaces de la pratique sportive dans les programmes d'aménagement et d'urbanisme, en imposant un pourcentage des marchés publics dédié à un fonds finançant les équipements sportifs, en intégrant l'installation de ces infrastructures dans les schémas de dotation de l'Anru et en renforçant la thématique sport dans les contrats de plan État-Région ».

Voilà des propositions intéressantes pour enrayer les inégalités face à la pratique sportive. Celles-ci ne sont pas seulement liées aux territoires. Elles sont aussi d'ordre social. L'accès au sport diffère selon le niveau d'études : « 21 % des femmes et 32 % des hommes non diplômés déclarent pratiquer une activité sportive et physique, contre respectivement 63 % et 62 % des diplômés d'un niveau supérieur à Bac+2[44]. »

Cet écart est similaire entre les plus modestes et les plus aisés. Il y a aussi un lien de corrélation entre la pratique des parents et celle des enfants. Plus les parents font du sport, plus leurs descendants le pratiquent[45]. De même pour les modalités des vacances : les enfants qui partent en vacances se livrent davantage à des activités sportives que ceux qui restent à la maison.

Le plan lancé par Emmanuel Macron en octobre 2021, à hauteur de 250 millions d'euros, pour financer cinq mille équipements de proximité – « city stades », dojos, terrains de basket 3 × 3, terrain de tennis padel, bassins mobiles de natation – est une réponse d'importance pour réduire les inégalités d'accès au sport. Ce plan s'appliquera, avec des procédures simplifiées, en lien avec les collectivités et les fédérations sportives. Ce qui est la bonne approche. « On va pouvoir donner un mandat aux clubs et aux fédérations pour être gestionnaires d'équipements sportifs[46] », affirmait Roxana Maracineanu lors de la présentation de ce dispositif.

Les fédérations de judo, tennis, handball, danse, gymnastique, cyclisme et voile devraient s'associer au projet. Il faudra s'assurer de sa mise en œuvre mais aussi de son élargissement. De même, il y a un travail d'optimisation des équipements sportifs à effectuer. Beaucoup sont sous-exploités, en particulier ceux qui sont en milieu scolaire.

En présentant son plan, Emmanuel Macron indiquait que « les Jeux, ce n'est pas seulement accueillir un événement et le monde entier. C'est, nous-mêmes, intégrer l'importance du sport dans notre vie quotidienne, et dans notre projet éducatif et social[47] ». C'est bien là, l'enjeu des Jeux.

Si nous voulons construire une nation sportive, objectif partagé qui dépasse les clivages partisans, le ministère des Sports doit donner le *la*. Un ministère stratège doit être le porte-parole d'un changement de société *via* le sport. Mais il ne peut agir seul. Pour y arriver, sous l'impulsion de l'Élysée et de Matignon, l'action interministérielle devra s'amplifier afin d'infuser le sport dans toutes les politiques publiques. C'est là, dans la période actuelle, que les JOP jouent un rôle de *booster* et d'influenceur auprès des pouvoirs publics pour mener, à travers le développement du sport, une révolution sociale, sociétale et sanitaire.

Plus de sport à l'école

Comme tout mouvement révolutionnaire, il s'imprègne d'une philosophie, en l'occurrence celle du sport. Elle se résume à un socle de valeurs autour d'une forme d'ordre, du dépassement, du respect, du partage… Pour aller à son terme, cette révolution devra démarrer à l'école, le creuset de la nation. C'est donc à elle de jeter les fondations d'une nation sportive.

Le développement du sport à l'école est un vieux serpent de mer de l'Éducation nationale. Historiquement, c'est une divergence culturelle. Le système éducatif français n'a pas assez fait sien cette maxime latine : « *Mens sana in corpore sano*[48]. » « Dans l'enseignement, le sport est victime du manque de considération accordée au développement des *soft skills*, les savoirs comportementaux[49] », analyse Stéphane Diagana, double champion du monde du 400 mètres haies. Au sein du « mammouth », la révolution sportive se fait désirer. C'est un peu son Godot. On l'attend toujours, mais elle ne vient pas.

À ce titre, la place accordée aux élèves ayant un très bon niveau sportif n'est pas satisfaisante pour un pays comme la France. Certes, des efforts sont consentis dans certaines académies. Celle de Paris donne l'exemple avec les classes CHASE[50] créées en 2012. Ce dispositif est en progression. Il accueillait à la rentrée 2021, selon le rectorat de Paris, sept cents élèves sur huit établissements, contre quatre cents en 2018. En province, on note quelques initiatives locales structurées, comme le Cresa à Annecy. Nombreux sont les arrangements locaux entre les clubs et les établissements scolaires. Mais rien de structuré. Rien d'ambitieux. Cela ressemble plus à du bricolage qu'à une stratégie éducative. Il n'y a, en France, qu'un seul lycée professionnel avec des horaires aménagés pour des sportifs de bon niveau. C'est le lycée Abbé-Grégoire, à Paris. L'héritage des Jeux à l'école se jugera par l'augmentation des heures consacrées au sport, le nombre de classes à horaires aménagés et la quantité d'élèves licenciés.

Les Jeux vont-ils produire un miracle ? La chose est possible. « Il faut arriver à une société dans laquelle tous les parents se réjouiraient que le professeur principal de leurs enfants soit le prof d'EPS[51] », se projette Marie Barsacq, du Cojop. Pour y tendre, on ne part pas de rien. Le nombre d'heures d'éducation sportive et physique dans nos établissements scolaires – trois heures en primaire – se situe dans la moyenne européenne.

Là où le bât blesse, c'est en matière périscolaire. Certes, 83 % des collégiens de 13 et 14 ans pratiquent une activité sportive au moins une fois par semaine[52], mais il faudrait tendre à une pratique quotidienne pour chaque adolescent. « La France est particulièrement à la traîne s'agissant de la prise en charge des activités périscolaires (activités réalisées en dehors du temps scolaire obligatoire)[53] », souligne Jacques Attali. Et là où nous sommes très mauvais, c'est dans l'enseignement supérieur. « L'expérience sportive n'est pas assez reconnue dans notre pays, on y ostracise les sportifs[54] », analyse l'universitaire Olivier Faron. Et d'ajouter « cette formidable école du sport doit s'interpénétrer dans notre système de formation ». Comment ne pas lui donner raison tant le sport, c'est l'école de la vie ? Malheureusement à ce stade, « le sport à l'université, c'est le trou noir[55] », *dixit* Sophie Guillon-Morel.

Alors que le Comité international olympique a été créé le 23 juin 1894 par le baron Pierre de Coubertin dans la salle Gréard de la Sorbonne, cent vingt-huit ans plus tard, il n'y a toujours pas de salle de sport en Sorbonne. Il en est de même à Sciences Po Paris, où la salle dédiée à la pratique sportive a été remplacée par une cafétéria dans les années 2000. Tout un symbole !

Nous sommes à des années-lumière des universités américaines et asiatiques. La modification du regard de la place du sport en France passe par l'intégration du parcours sportif dans le cheminement universitaire. Les valeurs sportives comme la capacité à s'intégrer dans une équipe doivent être bonifiées dans le cursus de nos étudiants.

« Si les Français savaient le rôle de l'intelligence et de la volonté, la part de l'esprit et de caractère dans la plupart des sports, avec quel entrain ils y pousseraient leurs enfants », disait Pierre de Coubertin. De nos jours, cette évidence s'impose au plus grand nombre. Les parents comme les enseignants, dans leur majorité, ont compris le rôle du sport dans la construction de l'enfant, son bien-être, sa réussite scolaire et sa vie de famille.

L'expérimentation initiée par le Cojop et l'ANS, lancée en février 2021, autour du hashtag #Bougez30Minutes, accompagne cette évolution. Elle consiste à proposer à chaque élève d'avoir trente minutes minimum par jour d'activité physique et sportive. Le Cojop et l'ANS ont distribué des kits opérationnels en ce sens, en milieu scolaire, pour promouvoir une école active. Lors du lancement de la semaine olympique et paralympique 2022, le spationaute Thomas Pesquet prêta main-forte au Cojop pour promouvoir ces trente minutes quotidiennes.

De même, Jean-Michel Blanquer avait en février 2021 joué le jeu en participant, au milieu de jeunes élèves, à une séance d'activité physique. La vidéo avait fait le buzz. Certains s'étaient moqués. Critique bien puérile, le ministre a eu mille fois raison d'agir de la sorte. C'est en effet à la rue de Grenelle de donner l'exemple. Les JOP sont un rendez-vous historique pour le sport à l'école. Nous ne pouvons le rater.

En décembre 2021, près de cinq mille écoles primaires sont partenaires de cette initiative. Ce n'est pas encore suffisant mais la dynamique est lancée. À l'été 2021, Emmanuel Macron l'a renforcée en souhaitant que ce dispositif soit généralisé. L'objectif est d'être à douze mille à l'été 2022, vingt-quatre mille à la rentrée 2023 et trente mille à celle de 2024, soit la totalité des établissements visés. « C'est en primaire que tout se joue[56] », insiste le préfet Michel Cadot.

Si nous réussissons collectivement ce premier défi, cela sera un premier bouleversement, que nous devrons à l'accélération des Jeux. Mais nous devons être encore plus exigeants. La fusée est à trois étages : d'abord généraliser les trente minutes, puis passer à une heure comme le recommande l'OMS[57], en primaire et au collège. Et en parallèle, grâce à la responsabilité de chacun, participer à une révolution comportementale.

Encourager la pratique sportive, c'est dire à ses enfants de prendre l'escalier plutôt que l'ascenseur pour monter deux ou trois étages, c'est aller au collège à pied quand c'est possible, c'est descendre une station de bus plus tôt pour finir en marchant… Le but est de générer un effet domino de l'activité physique.

Pour y arriver, si l'impulsion doit être donnée par l'État, la mise en œuvre concrète sera au niveau des établissements et des collectivités. Deux mesures de bon sens y contribueront.

La première réside dans le renforcement du lien entre les clubs de sport et l'école. L'allocation Pass'Sport, créée pour la rentrée 2021, d'un montant de 50 euros par enfant, pour inciter à l'inscription dans une association sportive, est une heureuse initiative pour contribuer à souder le monde scolaire au mouvement sportif. Elle apporte un soutien social à la pratique sportive. Fin novembre 2021, un million de jeunes en avaient bénéficié[58].

« Il y a un lien étroit entre beaucoup d'enseignants d'EPS et les clubs[59] », confirme Jean-François Lamour. Ces professeurs agissent avec détermination pour le bien-être de l'enfant et de l'adolescent. Souvent, ils opèrent dans le cadre du travail aussi notable que remarquable de l'UNSS[60] en proposant des activités sportives le midi et le mercredi après-midi. Cependant, si nous voulons intensifier l'offre sportive aux élèves, il est nécessaire que les professeurs d'EPS s'appuient davantage sur des structures partenaires comme les clubs.

Les rectorats en lien avec les ligues régionales doivent les soutenir pour développer et améliorer l'offre périscolaire. Il y a également un devoir à valoriser les professeurs d'EPS au sein de notre système éducatif. « Il faut encourager l'entrecroisement des quarante-cinq mille professeurs d'EPS avec les responsables de club[61] », confirme Michel Cadot. L'ANS en a fait une priorité. Dans cet esprit, la proposition de Jacques Attali d'un « temps périscolaire obligatoire réservé à la pratique sportive (seize à dix-sept heures)[62] » doit être un objectif commun. Un but pour le quinquennat qui débute.

La seconde mesure consisterait à établir un « conseil local des sports ». Cette proposition de Laurent Petrynka, président de la Fédération internationale du sport scolaire, est pleine de bon sens. « Cette structure partenariale regrouperait les acteurs qui concourent à l'offre sportive et serait chargée de mieux appréhender les besoins de la population et d'adapter l'offre par des soutiens divers[63]. »

C'est en rassemblant les acteurs – établissements scolaires, universités, clubs, collectivités, entreprises – autour d'un objectif commun que nous améliorerons l'offre sportive locale et l'adapterons aux besoins des élèves et de la population. Si un lycée dispose d'une salle de sport, pourquoi ne pas l'ouvrir aux salariés d'une entreprise voisine et, *vice versa*, si c'est l'entreprise qui détient un terrain propice à la pratique sportive ? Cette révolution sportive doit être sur les territoires celle du pragmatisme et de l'entraide.

En simultané, si le développement du sport pour tous doit être une obsession, les élèves ayant un fort potentiel sportif doivent être plus pris en considération par l'école de la République. Le sport dans toute sa diversité doit être plus présent à l'école et dans notre société. Il en va avant tout de la santé de nos enfants en particulier et de l'ensemble de la population en général. C'est un vrai sujet de santé publique auquel nous devons répondre avec énergie et détermination.

Le sport, le premier des médicaments

Construire une nation sportive devient en effet un impératif de santé publique. Quand allons-nous enfin comprendre collectivement que l'activité physique est vitale pour le bien de tous ? Alors qu'une somme incalculable d'études scientifiques démontre l'importance du sport pour notre santé, nous continuons à louvoyer. Depuis des décennies, nous manquons de courage politique sur le sujet. On constate une situation française bien préoccupante.

Sans oublier les dépenses colossales pour notre système de santé. « Il y a une véritable économie de la santé à construire autour du sport[64] », constate le Dr Alain Toledano. Selon ce dernier, « si tous les diabétiques faisaient du sport, on économiserait cinq milliards d'euros par an pour notre système de santé. De même, si tout le monde pratiquait un sport, on réduirait de 10 à 50 % les cancers les plus courants, soit 700 millions d'euros d'économie annuelle pour la Sécurité sociale ». Ayons en mémoire qu'en 2021, certes dans un contexte de crise sanitaire, le déficit de la branche maladie en France devrait être de 31 milliards d'euros. Au-delà des chiffres liés aux coûts de la santé, la France ne peut plus se permettre de rester inerte. Il y a urgence à agir.

Pour preuve, selon François Bourdillon, directeur général de l'agence Santé publique France, « en moyenne, moins de 25 % des 6-17 ans atteignent les soixante minutes d'activité physique quotidienne recommandées par l'OMS[65] ». Dans son dossier de presse « des Jeux pour bouger plus[66] », Paris 2024 rappelait qu'en quarante ans, les jeunes ont perdu un quart de leur capacité cardio-vasculaire donc de leur capital santé. Près de 20 % des enfants et 50 % des adultes sont en surpoids, et le manque d'activité physique augmente de 30 % le risque d'avoir une des maladies chroniques suivantes : diabète, cancer, maladie cardio-vasculaire… Est-ce que notre société peut continuer à ignorer de tels constats ?

D'après le baromètre de l'association Attitude prévention, « en 2016, les trois quarts de nos concitoyens – de 18 à 64 ans – n'atteignaient pas les dix mille pas quotidiens recommandés par l'OMS, et 29 % étaient en dessous de cinq mille. En moyenne, les Français font 7 889 pas par jour[67] ». Moins de 37 % des adultes et seulement 32 % des plus de 65 ans ont une activité physique favorable à la santé[68].

Face à de tels chiffres, est-il encore envisageable de rester sans bouger ?

Nous assistons à un boom de la sédentarité, une « bombe à retardement[69] », pronostique Brigitte Henriques. Elle concerne les personnes ayant une activité physique faible et une dépense énergétique proche de zéro. La révolution digitale a accentué ce phénomène (un adolescent passe trois à six heures par jour selon les études devant un écran, cinq heures en moyenne pour les adultes). La crise pandémique que nous connaissons depuis deux ans l'a fait exploser. D'après l'OMS, 6 % des décès à l'échelle mondiale sont causés par la sédentarité.

« Avec 37 millions de Français inactifs, on est en train de fabriquer des malades[70] », s'alarme Alain Toledano, pionnier de la santé intégrative[71]. Et d'ajouter : « Il y a une véritable révolution culturelle à faire autour du lien sport et santé. La symbolique des Jeux peut contribuer, par leur ingéniosité et leur innovation, à précipiter cette transformation indispensable en termes de santé publique. »

L'activité physique et le sport sont les premiers médicaments préventifs. « Ils sont les piliers des interventions thérapeutiques non médicamenteuses[72] », affirme Alain Toledano. Tous les spécialistes et toutes les études confortent cette analyse. La pratique du sport ne protège pas évidemment à 100 %. Des sportifs assidus peuvent malheureusement avoir une maladie grave. Mais le fait d'avoir pratiqué un sport leur permet souvent de mieux surmonter l'épreuve. Le sport comme accompagnement thérapeutique est d'ailleurs à encourager.

Une activité physique fréquente ou un sport régulier améliore notre bien-être et nos capacités cardio-vasculaires. Selon l'Onaps[73], auquel Paris 2024 s'est associé, faire du sport diminue de 58 % les risques de diabète 2, de 25 % les risques de cancer du sein et d'AVC, et de 24 % les risques de cancer du côlon[74]. Le sport est aussi un formidable outil de prévention primaire (– 40 % de risque d'Alzheimer). Et, bien évidemment, il est le meilleur remède contre l'obésité. Pour mémoire, marcher quinze minutes fait perdre 56 calories.

Il est également un parfait antidépresseur, en diminuant de 30 % par sa pratique les risques de dépression[75]. Il diminue l'anxiété. Il renforce l'estime de soi. Il limite le stress. Il réduit la pression artérielle. Il donne un meilleur tonus. C'est un excellent et bon dopant contre la fatigue, qu'il contribue à faire baisser de 30 %. Il génère des effets analgésiques. Il permet de mieux dormir. Rappelons que le sommeil est essentiel pour la santé, en particulier pour les enfants et adolescents. Tous ces éléments engendrent, chez l'individu, un cercle vertueux : plus de confiance, plus de créativité et plus de bonne humeur.

Si d'aventure vous n'étiez pas convaincu après cette énumération non exhaustive des apports du sport à votre santé, un dernier conseil : faites du sport et vous vivrez plus longtemps ! Là aussi, toutes les études le prouvent. Le sport fait reculer l'âge d'entrée dans la dépendance et rallonge l'espérance de vie. Le phénomène est incontestable !

Pour ne citer qu'un exemple : « En Suède, des chercheurs ont comparé l'espérance de vie de trois cent mille licenciés de golf à celle d'une population témoin ayant la même structure démographique et un niveau de vie semblable, mais ne pratiquant pas de sport. Le résultat est sans appel : la pratique régulière du golf prolonge l'espérance moyenne de vie d'environ cinq ans[76]. »

Alors, faites du sport pour le plaisir, pour votre forme, par respect pour votre corps et votre esprit, par amour de vos proches et pour rester longtemps en vie et en bonne santé.

Les pouvoirs publics et le mouvement sportif ont le devoir de soutenir et de promouvoir la pratique du sport. Mais soyons individuellement responsables. Faites une activité physique tous les jours. Faisons pratiquer davantage de sport à nos enfants à l'école, dans leur quotidien et en club. Faites du sport le plus souvent possible chez vous, cela ne dépend que de vous. Dans l'espace public, vous pourrez être de plus en plus actif grâce à la dynamique créée par Paris 2024 *via* la création ou la rénovation d'équipements de proximité, le développement du design actif, l'augmentation des pistes cyclables et l'accroissement du nombre de parcours santé. Soyez acteur de cette révolution, y compris au travail.

Plus de sport en entreprise

Selon le premier baromètre « vitalité, sport et entreprises[77] », 94 % des salariés qui pratiquent une activité sportive au travail sont satisfaits. Et 100 % des dirigeants qui proposent des activités physiques à leurs salariés recommanderaient à d'autres entreprises la démarche. Conclusion : « Le sport en entreprise, l'essayer, c'est l'adopter[78]. »

Plusieurs raisons expliquent cet engouement. Le sport en entreprise réduit les dépenses de santé, restreint le stress des collaborateurs, minimise les risques psychosociaux, fait baisser les troubles musculo-squelettiques, limite les arrêts maladie (et donc l'absentéisme) et augmente la productivité. Une étude réalisée en 2015 par le cabinet Goodwill Management, à la demande du Medef et du CNOSF, a abouti à la conclusion « qu'un salarié sédentaire qui se met à faire du sport, améliore sa productivité de 6 à 9 %[79] », relate Bertrand Pulman. C'est donc une opération gagnant-gagnant pour l'entreprise et ses salariés.

On comprend mieux pourquoi « 58 % des salariés aimeraient que leur entreprise leur propose des programmes d'activité physique[80] ». La crise du Covid-19 a accentué ce besoin de plus de sport dans le monde professionnel. Durant la crise, 52 % des salariés ont cherché à avoir un mode de vie plus sain, 31 % ont davantage pratiqué le sport[81]. Le développement du télétravail est, à cet effet, à double tranchant. Il donne plus de liberté dans son organisation, mais il encourage la sédentarité. Cette évolution dans l'organisation du travail confirme que la révolution digitale n'est pas toujours la meilleure amie de la pratique d'une activité physique.

Paris 2024 et la Solideo ont décidé de donner l'exemple en instaurant chaque jour des séances de réveil musculaire et des initiations sportives sur les chantiers du village olympique et du « cluster des médias ». Cette initiative doit en entraîner d'autres.

Pourquoi ne pas imaginer, comme le suggère Sophie Guillon-Morel, « un label French Sport 120 » pour les sociétés les plus actives ainsi « qu'intégrer le sport dans le programme structurant RSE des entreprises[82] » ?

L'État doit prendre des mesures incitatives en ce sens. Une première étape salutaire a été franchie avec le décret du 28 mai 2021 permettant une exonération de cotisations et contributions sociales de l'avantage « que représente la mise à disposition par l'employeur d'équipements sportifs à usage collectif dédiés à la réalisation d'activités physiques et sportives ».

Mais si nous voulons que toutes les entreprises soient concernées, il faudra aller plus loin dans cette direction. Dans les faits, il y a un décalage abyssal entre des entreprises du Cac 40 et l'immense majorité des TPE-PME en matière d'offre sportive. C'est une question de taille et de foncier. Difficile pour une TPE d'avoir une salle de sport !

Face à cette situation, des mesures fiscales pourraient être renforcées pour les entreprises engagées en faveur de la pratique sportive chez leurs salariés. La taille de l'entreprise ne compte pas, dans cette affaire. Rien n'interdit au boulanger du coin de la rue de cofinancer un abonnement dans une salle de sport de son quartier pour ses salariés. Une incitation fiscale pourrait l'y encourager. Cela pourrait aussi faire l'objet d'une concertation au sein des partenaires sociaux. De tels dispositifs pourraient contribuer à développer l'attractivité de TPE-PME confrontées à la pénurie de main-d'œuvre.

Dans l'univers entrepreneurial, on pourrait encore plus « mouiller le maillot ». Sous l'impulsion de Bertrand Pulman et de Marie-Christine Lanne, directrice de la Communication et des Engagements sociétaux de Generali France, le club de réflexion Think Tank & Do Tank « Vitalité, Sport & Entreprise » a fait une série de recommandations qui invite les employeurs et les salariés à s'engager pour le sport au sein de l'entreprise[83].

Ce think tank propose que l'activité physique et sportive soit coconstruite par la direction et les salariés. Il suggère que des salariés soient des « ambassadeurs » du projet auprès de leurs collègues. De telles mesures auraient un impact positif pour l'entreprise en termes de communication interne et de marque employeur. Le Think Tank & Do Tank encourage des décisions de bon sens, comme l'organisation de temps forts liés au sport, la mutualisation d'infrastructures avec d'autres entreprises, le développement du sport 2.0 *via* notamment des défis connectés, et vise à faire de l'événementiel interne ou externe au regard de l'actualité sportive.

Plus de sport en entreprise, outre l'apport incontestable pour la santé des salariés, c'est aussi manager autour des valeurs du sport, comme le sens de l'équipe, le respect des règles, l'enthousiasme et la volonté. L'impact se révèle conséquent en matière de cohésion des équipes, de solidarité entre collaborateurs et de refus des discriminations. Le sport s'associe à des valeurs fondamentales. Elles sont importantes pour travailler ensemble. À l'échelle d'un pays, elles sont incontournables pour vivre ensemble.

Le sport, un intégrateur républicain

Bâtir une nation sportive, c'est également promouvoir les valeurs républicaines. Celles du sport et de l'olympisme se conjuguent bien avec elles. La liberté, l'égalité et la fraternité, chères à nos frontons républicains, peuvent s'associer en harmonie avec les trois piliers de l'olympisme déjà cités que sont l'excellence, le respect et l'amitié. Des valeurs que véhicule le sport, comme le fair-play. Le goût de l'effort et la solidarité vont dans le même sens. Une société qui promeut le sport et l'olympisme apparaît comme plus attentive aux autres et plus tolérante. Un pays qui facilite la pratique du sport pour tous répond à des exigences fortes en matière de droit à l'éducation, au bien-être et à la santé.

L'accès à la pratique sportive doit être possible pour tous. Nous revendiquons cette égalité pour les territoires. Nous devons collectivement l'exiger pour les femmes et les hommes.

La place des femmes dans la pratique sportive relève d'un curseur civilisationnel important. Dans la France de 2022, il n'est plus admissible que des jeunes filles soient privées de cours d'EPS. Souvent les mêmes ont l'interdiction d'aller à des séances de natation et de participer à des épreuves mixtes. Face à de telles situations, le sport doit être un outil pour promouvoir la laïcité et, en conséquence, la liberté des femmes. Ces dernières années, on a assisté à des dérives inquiétantes. Sous couvert d'engagement sportif, certaines associations prônaient la non-mixité dans le sport et des traitements inégaux pour les femmes.

Conscient du danger, sous l'impulsion de Gérald Darmanin et de Roxana Maracineanu, l'État a réagi. La loi du 24 août 2021, confortant le respect des principes de la République, loi dite de lutte contre le séparatisme, a été votée. Elle est en deux volets.

Le premier volet invite les associations recevant des subventions publiques à signer un contrat républicain. Elles doivent ainsi s'engager à faire respecter les valeurs de la République dans leur organisation et auprès de leurs membres. Elles doivent veiller à la protection de l'intégrité physique et morale des personnes, en particulier des mineurs.

Le second volet oblige les fédérations sportives – délégataires de service public – à avoir une stratégie et un plan d'action pour promouvoir les valeurs républicaines. Les fédérations qui ne respecteront pas cet engagement se verront retirer leur délégation de service public et ne recevront plus de subventions de l'État. Il faut s'en féliciter. Cette loi constitue une première étape. Mais le combat continue.

Pour le mener, ayons la conviction que le sport doit servir de bras armé à la République. Ayons la certitude que c'est d'abord par le sport que l'on gardera beaucoup de jeunes dans le giron républicain et qu'on y ramènera nombre de ceux qui s'en sont éloignés. Être militant du sport, c'est être un défenseur de la République partout en

France et en particulier dans les quartiers difficiles. Dans ces derniers, il faut en finir avec des naïvetés coupables. Si nous réaffirmons que la culture et le sport doivent avancer de concert dans l'éducation de notre jeunesse, acceptons l'idée que le sport par endroits soit la première marche vers la culture, l'intégration et le civisme.

Assumons le fait que le sport soit la réponse d'urgence, en lien avec un accompagnement social et psychologique, pour remettre sur le chemin de la citoyenneté des jeunes décrochés, désocialisés et sous l'emprise d'addictions multiples. C'est d'abord par le sport que l'on pourra transmettre des valeurs fondamentales à de nombreux jeunes désorientés et ainsi faire bouger la société dans le bon sens. À commencer par le respect – respect de soi-même, respect de la différence, respect de son corps, respect de l'autre sexe, respect des règles, respect du fair-play… –, valeur cardinale du vivre-ensemble dont la transmission est aujourd'hui en souffrance. Le sport nous semble être le meilleur moyen pour promouvoir auprès de notre jeunesse l'égalité entre les femmes et les hommes, faire baisser la consommation de psychotropes et enrayer les violences urbaines.

De même, il nous apparaît comme un rouage essentiel pour lutter contre le fléau de la radicalisation. Un récent sondage indiquait que 65 % des lycéens musulmans placent l'islam au-dessus des lois de la République[84]. Au regard d'un tel résultat, bien préoccupant, le sport a plus que jamais un rôle d'intégrateur républicain, tant il est le meilleur remède contre le repli sur soi, l'intolérance et l'obscurantisme. En fait, le sport doit être vu comme un outil républicain. « Il n'est pas une finalité en soi, il est un levier[85] », analyse Brigitte Henriques. « Le sport est un outil de société. Un outil avec un cadre moral[86] », confirme Étienne Thobois.

Le sport est, par essence, porteur d'égalité. Il est utile pour lutter contre le racisme et toute forme de discrimination. « Sur la ligne du départ du 100 mètres, il n'y a ni couleur ni religion, on est tous égaux[87] », rappelle avec conviction Pierre Mazeaud. « Sur un terrain de sport, on est tous égaux, on nous juge pour nos qualités et non en fonction de l'endroit d'où on vient[88] », confirme Allison Pineau.

Les JOP de 2024 vont véhiculer ces valeurs d'ouverture, de bienveillance et d'égalité. Ils vont en être une célébration. « Le sport, c'est la mixité assurée. Quand on est sur un terrain, on se mélange, on dépasse les clivages ethniques et autres. Ce vivre-ensemble, on a envie de le défendre. L'ADN des Jeux, c'est ça[89] », assure Tony Estanguet.

Ces Jeux, répétons-le, seront les premiers paritaires de l'Histoire. Paris avait été déjà précurseur en 1900 en accueillant pour ses premiers Jeux des athlètes féminines. Vingt-deux femmes y participèrent sur 975 athlètes, soit 2 %. En 2024, elles seront 5 250 athlètes olympiques. Il s'agit d'une avancée considérable dans l'histoire du sport. L'olympisme donne l'exemple. Pour accentuer cette dynamique, Paris 2024 accueillera huit nouvelles épreuves mixtes. Elles s'intégreront dans les épreuves d'athlétisme, de boxe, de canoë, de voile et de tir. Il y aura vingt-deux compétitions mixtes à Paris, contre dix-huit à Tokyo.

Outre la parité instaurée pour les athlètes, le CIO comme le Cojop tendent à l'égalité des sexes dans leur organisation et recrutement. Selon l'« Agenda 2020 », le CIO comptait en 2014 21 % de femmes parmi ses membres. En 2020, elles étaient 37,5 %. L'institution de Lausanne veut tendre à la parité parfaite en 2024. Quant au Cojop, son comité de direction est paritaire. L'ensemble de ses recrutements tend à cet objectif.

Paris 2024 va ainsi servir d'aiguillon à la société. Le fait que le plus grand événement au monde, se déroulant sur le sol français, soit exemplaire en matière d'égalité femmes-hommes sera un legs considérable pour soutenir la cause des femmes. Cet héritage sera pérenne dans l'événementiel du sport mondial. Les Jeux vont être une énorme caisse de résonance, au sein du pays hôte mais aussi à l'échelle planétaire, pour l'égalité salariale, l'égalité au sein des organisations et la lutte contre toute forme de harcèlement ou de discrimination à l'égard des femmes.

Ces Jeux doivent aussi être un tournant pour la pratique du sport féminin. Le fait que deux femmes président aux destinées du mouvement sportif en constitue un magnifique symbole. Avec l'élan des Jeux, à n'en pas douter, Brigitte Henriques, à la tête du CNOSF, et Marie-Amélie Le Fur, à celle du CPSF, contribueront à faire bouger les choses.

Si, ces dernières années, de nombreuses initiatives ont été prises, notamment à l'occasion de la Coupe du monde de football féminin en 2019, beaucoup d'inégalités demeurent. Elles concernent en premier lieu les jeunes femmes. « En 2015, 50 % des femmes de 16 à 24 ans ont pratiqué au moins une fois dans l'année une activité physique ou sportive, contre 63 % des hommes de la même classe d'âge[90]. » On note aussi un décalage entre les couples avec ou sans enfants. Souvent, au sein de ceux qui ont une progéniture, les mères font moins de sport que les pères.

Le mouvement sportif et la puissance publique ont l'ambition commune d'enrayer ces inégalités femmes-hommes. Là aussi, les Jeux doivent servir de catalyseur pour amplifier le mouvement. Dans cette logique, il est important d'associer l'aide publique au développement du sport féminin dans les fédérations ou les clubs. La Région Île-de-France a instauré cette obligation dans le cadre de ses conventions avec les ligues régionales. Ce processus est à systématiser. Les rénovations ou les créations de nouveaux équipements sportifs doivent prendre en compte la pratique féminine, notamment pour les vestiaires et les sanitaires. Il faut encourager le développement du sport en famille et des structures d'accueil parents-enfants. Enfin, la prise de conscience doit être massive, *via* des moyens de communication *ad hoc*, pour encourager la pratique sportive chez les jeunes filles.

Désormais, nous devons avoir l'obsession de construire une société plus sportive. L'avènement d'une nation sportive sera profitable à tous et à toutes. Entendons-nous bien, cette volonté n'est pas une lubie d'amateurs de sports. Elle n'est pas qu'une quête de plaisirs à travers la pratique sportive même si la chose est d'importance. Elle est avant tout une ardente obligation éducative, sociale, sociétale et sanitaire. « Nous sommes habités par le fait que le sport peut déplacer des montagnes. On fait œuvre pour le sport. On porte un projet d'intérêt général[91] », affirme le directeur général de Paris 2024, Étienne Thobois. Tout est dit.

10

Un récit national

Tokyo, stade olympique ; Paris XVIe, jardins du Trocadéro, 8 août 2021.

Ce jour-là, à 21 h 40 précises, heure de Tokyo, Anne Hidalgo reçut des mains de Thomas Bach le drapeau olympique. Le président du CIO eut pour rôle d'être le passeur entre la gouverneure de Tokyo et la maire de Paris. Dans un stade olympique flambant neuf, mais malheureusement vide pour cause de pandémie mondiale, Anne Hidalgo fit virevolter l'étendard olympique avec dextérité. Fidèle à l'histoire des Jeux olympiques, ce moment de passation du drapeau incarne la fin d'une olympiade et le commencement d'une autre. Au revoir Tokyo, bonjour Paris !

Au même moment, à 10 000 kilomètres de là, dans les jardins du Trocadéro, on célébrait l'événement. En plein mois d'août, six mille personnes s'étaient donné rendez-vous pour fêter le retour des médaillés de Tokyo et le début de l'olympiade.

Au bas du palais de Chaillot, une scène traversante en direction de la tour Eiffel avait été montée pour permettre à nos deux porte-drapeau, Clarisse Abgbégnénou et Samir Aït Saïd, ainsi qu'à l'ensemble de nos champions, de fendre la foule au rythme de « We Are the Champions » et d'« Allez les bleus ». Comme à son habitude, Teddy Riner sut mettre de l'ambiance.

Sur un écran géant, on repassa les exploits tokyoïtes de nos héros. On fit également une démonstration de breakdance sur la scène centrale. La Patrouille de France tournoya dans le ciel de Paris, avec son panache de fumée tricolore. Dans une ambiance bon enfant, on fêta la première heure de la XXXIIIe Olympiade.

Le lendemain sur la même scène, Anne Hidalgo, Roxana Maracineanu, Brigitte Henriques et Tony Estanguet présentèrent le drapeau olympique au public. « Un vrai moment de frisson, et je sais qu'en 2024 ce sera puissance mille[1] », confiera la présidente du CNOSF. Le 6 septembre, avec la même émotion, on fit à l'identique, devant l'Hôtel de Ville de Paris, en présence de Marie-Amélie Le Fur, avec le drapeau paralympique.

Cette arrivée du drapeau, après Lima qui en était l'acte I, constitue l'acte II de l'aventure de Paris 2024. L'olympiade démarre. Un récit est à construire.

La France et les JOP se confondent désormais dans une communauté de destin, d'intérêts et de désirs.

Dans cette perspective, il faut embarquer tous les Français. À la lecture des études d'opinion, des bases solides existent pour atteindre cet objectif. Une majorité de nos compatriotes adhèrent aux JOP. Ainsi, 82 % d'entre eux se déclarent favorables à l'organisation des JOP[2]. Quelque 86 % ont trouvé que la séquence de passation du drapeau olympique donnait une bonne image de Paris et de la France. De même, 90 % se prononcent positivement pour l'accueil des Jeux paralympiques[3].

Fort de cette adhésion populaire, chacun doit pouvoir se dire au lendemain des JOP : « J'y étais. » Le Cojop multiplie les initiatives en ce sens. Elles se rajoutent aux nombreux dispositifs déjà évoqués pour mobiliser la jeunesse. L'ambition est claire : permettre à tous de participer. Il faut s'en réjouir.

Soyez acteur des JOP

L'organisation d'un *flag tour* pour présenter le drapeau olympique partout en France illustre cette dynamique. À l'automne 2021, une quarantaine de villes avaient été programmées. Chaque étape est l'occasion, autour de l'étendard, créé par Pierre de Coubertin[4], de rassembler les acteurs locaux du monde du sport, économique et institutionnel. Lors de ces rencontres, l'envie des Jeux est manifeste. À chaque présentation, les personnes qui y assistent se sentent concernées et veulent se mobiliser pour la réussite des Jeux olympiques et paralympiques.

Il est évident que l'implication de nos concitoyens passe par celle des territoires. Les Jeux seront réussis s'ils entraînent dans leur sillage autant les habitants d'un petit village de la Creuse que ceux du centre de Paris.

C'est dans cet esprit que Paris 2024 a lancé le 17 juin 2019, au Sénat, avec Gérard Larcher et François Baroin, alors président de l'AMF[5], le label « Terre de Jeux 2024 », pour encourager les territoires à développer le sport, donner du sens avec un héritage concret et mobiliser autour des valeurs de l'olympisme.

Ce label est une première dans l'histoire des JOP. Jamais auparavant un comité d'organisation n'en avait eu l'idée. Ce label est aussi ouvert aux postes diplomatiques français, aux fédérations sportives, aux associations d'élus et à des programmes publics liés aux territoires. Il est le sésame pour pouvoir accueillir sur son territoire un centre de préparation aux Jeux. À la fin janvier 2022, 2 650 entités l'avaient reçu, dont 2 305 communes ou intercommunalités, 53 ambassades… Dans le cadre de différents partenariats initiés par la direction de l'engagement du Cojop, nombreux seront les territoires labellisés d'ici à 2024. « En fait, on veut engager tout le monde[6] », confirme Romain Lachens, directeur de l'engagement de Paris 2024.

Cette volonté se retrouve aussi dans le développement du club Paris 2024. Lancé en juillet 2020, il compte trois cent mille membres au printemps 2022. Outre le fait qu'il est un outil de mobilisation de la jeunesse, il invite tous les âges à être acteurs des JOP *via* des informations privilégiées sur les programmes participatifs de Paris 2024, des expériences uniques proposées à travers le pays et des défis à relever aussi ludiques que sportifs. Y adhérer – c'est gratuit –, c'est devenir membre de la grande famille de Paris 2024. Ce club devrait compter plusieurs millions de membres d'ici les Jeux. Soyez-en !

Plusieurs autres voies sont également possibles pour participer aux JOP. La première consistera à être volontaires des Jeux. Le Comité d'organisation en recrutera quarante-cinq mille (trente et un mille cinq cents pour les JO, treize mille cinq cents pour les paralympiques).

Ce programme de volontariat sera 100 % paritaire. Il sera ouvert à tous ceux qui auront au minimum dix-huit ans au 1er janvier 2024. Les candidatures s'effectueront, sur un portail dédié, à partir de janvier 2023.

Les personnes retenues bénéficieront de formations *ad hoc* dispensées par l'Académie de Paris 2024. Les profils recherchés sont divers. Les volontaires seront affectés pour accueillir les spectateurs et accompagner les membres de la famille olympique. Certains seront intégrés dans les services : transport, médical, médias, technologie… D'autres seront opérationnels sur les sites pour organiser les compétitions et la lutte contre le dopage. Chaque volontaire recevra un uniforme. Tous devront signer la Charte du volontaire olympique et paralympique.

Le Cojop prendra en charge le couvert mais non le gîte pour les volontaires. Pourquoi ne pas imaginer un programme « logement volontaire » – pour mémoire, Airbnb est partenaire du CIO – afin de loger ces bénévoles venant de province ou d'ailleurs ? Pour récompenser les propriétaires hospitaliers, le Cojop pourrait leur offrir deux places pour assister à une épreuve olympique ou un événement autour des Jeux.

La deuxième opportunité d'être acteur des Jeux sera d'être relayeur de la flamme. Le parcours de la flamme sera finalisé au début de l'année 2023. Il concernera tous les départements français, y compris ultramarins. Ce chemin de transmission mobilisera dix mille personnes. Ce parcours commencera trois mois avant la cérémonie d'ouverture. Il y aura des relais individuels mais aussi des relais collectifs. On peut imaginer que toute une caserne de pompiers ou une équipe d'un club de rugby se mobilisent pour porter la flamme vers Paris.

Une vague de mobilisation se lèvera également dans tout le pays avec le déroulement de l'olympiade culturelle. « C'est un projet qui sert à rapprocher l'univers de la culture et celui du sport[7] », explique Michaël Aloïsio. D'abord porté par le comédien Stéphane Fiévet, il est désormais dirigé par la chorégraphe Dominique Hervieu, ancienne directrice de la Maison de la danse à Lyon. Il a pour ambition d'associer le monde culturel à l'aventure olympique.

Des appels à projets seront lancés – en lien avec les parties prenantes – pour inviter des maisons d'artistes, des associations, des écoles d'art, des théâtres et des créateurs en tout genre à concevoir le sport comme un objet de création artistique et les terrains de sport comme des lieux d'invention culturelle. Tout est à imaginer. Le Cojop veut faire de la culture un marqueur des JOP. Il souhaite laisser libre cours aux créateurs, peintres, sculpteurs, cinéastes, comédiens, plasticiens, auteurs… De premières créations voient le jour, comme la réalisation d'une tapisserie inspirée d'une peinture de Marjane Satrapi, en partenariat avec le Mobilier national. Des performances artistiques lors de la 20e édition des Nuits blanches ont été produites…

À l'avenir, on peut imaginer des happenings en marge du relais de la flamme, du *street art* autour des sites olympiques… La séquence clé de cette olympiade culturelle courra d'avril à septembre 2024. La semaine précédant l'ouverture des Jeux pourrait être un extraordinaire moment d'expression artistique. Les compétitions n'auront pas commencé, mais la France sera déjà sous les projecteurs du monde entier. L'occasion de montrer à la planète notre fécondité créative ! Créateurs de France et d'ailleurs, à vous de jouer…

Enfin, participer aux JOP pourra prendre une forme plus sportive, en s'inscrivant au marathon populaire. Pour la première fois dans l'histoire olympique, le public pourra s'engager dans cette épreuve dans la foulée des plus grands marathoniens mondiaux. Plusieurs dizaines de milliers de personnes pourront concourir. Le groupe Orange sera partenaire de l'événement. Le Club Paris 2024 invite régulièrement à relever des challenges afin d'obtenir le précieux dossard. Pour ceux dont la tentation de parcourir 42,195 kilomètres est modérée, le Cojop offrira la possibilité de participer à un 10 kilomètres plus inclusif.

Toutes ces actions vont conduire à une forte mobilisation du pays. Elles vont être encouragées, soutenues et amplifiées par les collectivités et le mouvement sportif. L'engouement va monter crescendo. Au final, les Français et les Françaises seront au rendez-vous de 2024. Le pays va se rassembler derrière le projet olympique. Une opportunité unique pour unir la nation autour d'un récit commun. Une occasion exceptionnelle de délivrer un message au monde.

Qu'allons-nous dire aux Français et au monde ?

Quel sens voulons-nous donner aux JOP ? Quelle société voulons-nous construire grâce à l'apport des Jeux ? Allons-nous limiter notre discours à l'utilité des Jeux en termes d'héritage ? Allons-nous seulement nous satisfaire de la réussite de l'événement ? Allons-nous considérer que les cartes postales iconiques suffisent à représenter la France d'aujourd'hui ?

En lien étroit avec le Comité d'organisation, la puissance publique se doit d'y répondre à travers un récit national. Pour cela, elle doit reprendre le goût de la réflexion collégiale, qui lui avait tant réussi dans la phase de candidature. La chose était aussi euphorisante que stimulante pour tous !

Ces Jeux sont une chance extraordinaire pour la France. Nous devons la saisir à pleines mains. Ces JOP ne doivent pas être un feu de paille. Vingt-six ans après la Coupe du monde de football, outre le souvenir d'une grande joie collective et d'un succès sportif inoubliable, que reste-t-il de cette grande fête ? Pas grand-chose. Certes, nous n'écoutons plus « I Will Survive » de la même façon, mais le concept d'une France black-blanc-beur unie – célébré par tout un pays au soir du 12 juillet 1998 – s'est heurté au mur de la réalité.

Le ratage complet du match amical de football France-Algérie en 2001 en fut une dramatique illustration. Ce 6 octobre 2001, la France vit de jeunes Français siffler *La Marseillaise* et soutenir un pays que l'essentiel d'entre eux ne connaissaient pas. La désespérance sincère de Lilian Thuram, face à ce désastreux spectacle, ne changea malheureusement rien à l'affaire. Les deux décennies suivantes, notre pays a vu monter le communautarisme, le racisme et les extrêmes. Les tensions vives que nous venons de connaître à l'occasion du débat présidentiel sur ces sujets le confirment.

Est-ce que les Jeux pourront guérir tous les maux français ? Évidemment que non. N'accordons pas aux JOP plus qu'ils ne peuvent donner. Est-ce que les Jeux peuvent contribuer à rassembler les Français et être un tournant positif pour notre pays ? Soyons-en, avec exigence, convaincus. À condition que ce rendez-vous olympique s'inscrive dans un récit national. Une histoire qui reprend à son compte la conception de la nation selon Renan : « Ce qui constitue une nation, ce n'est pas parler la même langue ou d'appartenir au même groupe ethnographique, c'est d'avoir fait ensemble de grandes choses dans le passé et de vouloir en faire encore dans l'avenir[8]. » Les Jeux ne sont-ils pas « la grande chose » des années à venir ?

Un récit en trois chapitres

Pour bâtir ce récit national, nous en avons tous les ingrédients narratifs. Unité de lieu : la France. Unité de temps : l'été 2024. Unité d'action : la pratique sportive à son sommet. Ce récit doit s'inscrire dans notre roman national. La proposition d'Érik Orsenna et de Guy Drut de faire entrer Pierre de Coubertin au Panthéon en 2024 pourrait en constituer le préambule.

Les Jeux doivent être un marqueur dans notre histoire collective. Ces Jeux sont davantage qu'un projet sportif, ils sont celui de tout un pays. « Les Jeux doivent avoir un sens[9] », confirme Tony Estanguet. Ce récit pourrait s'articuler autour de trois chapitres.

Le premier réside dans l'ambition de faire de la France une nation sportive. Autour de trois piliers – l'éducation, la santé et l'intégration républicaine –, le sport sera un outil des politiques publiques pour vivre mieux et fédérer le pays.

En amont des Jeux, il faudrait décréter la pratique sportive comme une grande cause nationale. Les déclinaisons peuvent en être multiples pour le bien commun : femmes et sport, inclusion et sport, république et sport, santé et sport… À l'aube de ce nouveau quinquennat, il faut en débattre.

Le deuxième chapitre est de délivrer au monde le message d'une France accueillante, audacieuse et innovante.

Formons le vœu que chaque Français se sente concerné. La réussite des JOP ne sera pas seulement celle d'un petit noyau de personnes autour de Tony Estanguet. Le succès des JOP sera l'affaire de tous. « Paris 2024 sera une somme d'aventures individuelles qui s'inscrira dans un récit[10] », prédit Anne Descamps, directrice de la Communication de Paris 2024. Ce sont les petites histoires qui feront la grande Histoire. C'est le restaurateur qui donnera le meilleur de lui-même. Ce sont des rues de Paris propres. C'est la sécurité assurée pour les compétiteurs et les spectateurs. C'est la famille parisienne qui accueille un volontaire venu des régions ultramarines. C'est la personne, au coin de la rue, qui donnera, avec le sourire, la bonne indication à un spectateur désorienté. Mobilisons-nous pour que les Jeux fassent œuvre d'une France non repliée sur soi, mais ouverte et hospitalière.

Non repliée également sur son passé. Rien ne serait pire que de ne montrer à quatre milliards de téléspectateurs qu'une France musée. Les Jeux doivent être la vitrine de l'inventivité française, du talent de nos chercheurs et ingénieurs, de nos prouesses industrielles, de la créativité de nos entreprises…

Ils se doivent de promouvoir une France audacieuse. L'innovation est au cœur du projet de Paris 2024. Les chantiers de la Solideo l'illustrent. Nous l'avons dit, ce sont les premiers Jeux en de nombreux domaines : parité, charte sociale, prise en compte des territoires, bilan carbone... Le monde doit comprendre qu'ils sont à l'image de notre pays.

La réouverture de Notre-Dame, programmée au printemps 2024, s'inscrit dans cette vision. La première messe dans la nef rénovée devrait avoir lieu le 16 avril 2024. Face aux inerties, le président Macron a eu raison d'être ambitieux pour le pays. La maire de Paris l'a soutenu dans l'objectif de rouvrir Notre-Dame pour 2024. Il faut s'en féliciter. Alors que nous allons accueillir le monde, on ne pouvait lui donner meilleur signe de bienvenue que la réouverture de ce berceau de l'âme française ; sauvé des flammes par des pompiers héroïques, rendu à sa splendeur grâce au génie français, fruit du travail de nos ingénieurs, techniciens, compagnons du devoir, architectes, tailleurs de pierre, menuisiers, ouvriers du bâtiment... La symbolique est forte. Le message au monde le sera tout autant.

En reliant le calendrier des Jeux à celui du chantier Notre-Dame, nous associons ainsi un patrimoine millénaire à un événement contemporain mondialisé. Nous promouvons le savoir-faire et l'énergie française. Ayons à l'esprit que le chantier de Notre-Dame, c'est aussi la pointe de la technologie tricolore au service de pierres multicentenaires. Nous donnons ainsi à l'ensemble de la planète le signal fort d'une France résolue, imaginative et ingénieuse.

Vis-à-vis des autres pays, ces Jeux doivent être l'incarnation d'une France qui est de plain-pied dans le XXIe siècle. Une France qui croit en son destin. Une nation pionnière de l'avenir. Une nation qui s'adresse aux autres. « La réussite d'une nation encourage les efforts des autres, les poussant toutes vers de nouveaux sommets en matière d'excellence humaine[11] », écrit Henry Kissinger.

Voilà une ambition digne de notre histoire ! N'est-ce pas la meilleure des réponses au défaitisme ambiant, au déclinisme poisseux et aux pessimistes professionnels ? « Face à l'ambiance atone, les Jeux doivent redynamiser le pays. Avec eux, nous pourrions retrouver le sens du progrès[12] », espère le sociologue Bertrand Pulman.

Troisième chapitre du récit : inscrivons les Jeux sur un temps long. Ils ne sont en rien éphémères. Imprégnons l'esprit français de l'énergie des Jeux dans la durée. Diffusons-la dans tout le pays. En plus des souvenirs, les Jeux fabriquent de l'optimisme. La France peut et doit capitaliser sur ces Jeux. Donnons au pays, grâce aux Jeux, un nouvel horizon. Si nous nous y prenons bien, les JOP nous apporteront plus de confiance, plus de fierté, plus de croissance aussi.

Sans être naïf, construisons un discours positif autour de Paris 2024. Les JOP s'inscrivent dans une démarche proactive. Ils génèrent des ondes bénéfiques.

Ils sont une invitation au dépassement. Espérons qu'ils seront les premiers Jeux de l'après-crise, symbole du retour aux jours heureux. « La flamme olympique peut être la lumière au bout du tunnel obscur dans lequel l'humanité se trouve actuellement[13] », écrivait Thomas Bach en avril 2020. La France aura vraisemblablement l'honneur d'être le pays qui pourra, en 2024, incarner cette sortie du tunnel. Imaginez l'impact planétaire d'une telle situation ?

Le motto *d'un peuple*

Il nous reste deux ans pour réussir ce pari fou qu'est l'organisation des Jeux olympiques et paralympiques. Des Jeux nouveaux. Des Jeux différents des éditions précédentes. Des Jeux du XXIe siècle.

« Un marathon nous attend. Mais il va falloir le courir à la vitesse d'un 100 mètres. On s'entraîne pour cela depuis longtemps[14] », assure Tony Estanguet. Nous l'avons vu, chacun peut y participer. L'aventure de Paris 2024 se veut avant tout collective.

À travers ce livre, j'ai voulu témoigner. Vous l'aurez compris, j'ai la conviction que ces Jeux sont un rendez-vous historique pour notre pays. Face au doute, aux divisions, aux fractures, ces Jeux peuvent redonner goût au vivre-ensemble, libérer les énergies et rassembler les Français.

Ce livre se veut une contribution positive. Dans un monde où il est de bon ton de faire du *bashing*. Dans une société où les réseaux sociaux font tant de ravages, j'assume de dire du bien.

Durant les quatre ans, siégeant au sein des instances de Paris 2024 et de la Solideo, j'ai pu observer une somme de gens passionnés au cœur de l'organisation des Jeux. De vrais professionnels, conscients que c'est l'aventure d'une vie. Des acteurs motivés, hauts fonctionnaires exemplaires, ingénieurs rigoureux, élus engagés, toutes tendances confondues, collaborateurs dévoués pour travailler à la réussite de ce projet monumental.

En disant cela, je ne suis pas dupe. Je sais, ô combien, que ce n'est pas le monde des Bisounours, mais un cercle d'exigence, tant les enjeux de pouvoir sont énormes. Ils sont politiques, économiques, médiatiques et sociaux. Chacun a sa trajectoire, mais tous veulent la réussite des Jeux. Tous ont saisi l'importance de ce rendez-vous pour notre pays.

Il est crucial à bien des égards. Ces JOP, rendez-vous séculaire en France, sont une occasion unique pour réunir tout un pays autour d'un événement, de valeurs, d'un projet, d'un héritage et d'un récit. Ils constituent une force inouïe pour convier la France à se projeter dans l'avenir.

La réussite de cette entreprise ne pourra se faire sans une implication forte du politique. Comme en France, rien de sérieux ne se fait sans l'impulsion du chef de l'État, ce dernier doit être habité par le projet olympique et paralympique. Au-delà des clivages partisans, c'est à lui de fédérer toutes les énergies. C'est à lui que revient le devoir de faire de la nouvelle devise olympique[15] – « Plus vite, plus haut, plus fort ensemble » – le *motto* de tout un peuple. Il s'agit d'un beau, grand et enthousiasmant défi français.

Épilogue

Paris, 26 juillet 2074, face aux jardins du Trocadéro, Léa et Enzo prennent un verre…

LÉA : Cet endroit me rappelle les Jeux olympiques et paralympiques de 2024, pas toi ?

ENZO : Oh ! que oui, c'était il y a cinquante ans, j'avais vingt ans…

LÉA : Moi aussi, j'ai soufflé mes vingt bougies cette année-là. C'était fabuleux. J'allais tous les soirs à La Villette pour applaudir nos champions fraîchement médaillés. On dansait, on chantait…

ENZO : On s'amusait comme des fous. C'était fantastique, Paris était en fête…

LÉA : Une soirée grandiose avec la cérémonie d'ouverture, ferme les yeux et rappelle-toi… C'était là, juste en face, au pont d'Iéna.

ENZO (*fermant les yeux*) : Je revois les bateaux transportant les délégations de tous les pays, les musiciens sur les barges, les performances des acrobates sur les ponts, des drapeaux partout, un ciel de Paris illuminé de mille feux… C'était féerique…

Léa : Inoubliable, notamment quand l'équipe de France est descendue de son bateau, la ville était en liesse. Nous étions en fusion avec nos athlètes. On hurlait à tue-tête *La Marseillaise* dans tout Paris.

Enzo : Tu as raison, la France était à l'unisson. Ce fut la plus belle *Marseillaise* de tous les temps, un hymne d'anthologie…

Léa : Un truc qui te prend aux tripes… Même mort, tu t'en souviens ! (*Rire.*)

Enzo : Tout pareil… Comme le moment où ce monstre sacré de Teddy Riner est redevenu champion olympique de judo, poids lourd, à trente-six ans…

Léa : Arrête ! Regarde mon bras, j'en ai encore la chair de poule. Lorsqu'il est monté sur le podium, au sein de l'Arena du Champ-de-Mars, le public était en délire…

Enzo : Un kop sur le Champ-de-Mars ! Le soir même, Teddy mit le feu à La Villette en animant la soirée. À quatre-vingt-six ans, il est toujours bon pied, bon œil. Comme quoi, le sport, ça conserve !

Léa : À l'image de Kylian Mbappé qui fêtera ses soixante-seize ans en décembre prochain. Le plus grand footballeur de tous les temps, quel ovni ! Je me rappelle sa course folle de 50 mètres pour aller crucifier le gardien argentin à la 90e minute en finale…

Enzo : Ce fut le but de l'égalisation à 2 à 2. Le passeport pour les prolongations… J'en tremble encore.

Léa : Tu peux le dire, on a tremblé jusqu'au bout, jusqu'à l'ultime penalty. Heureusement que Mbappé l'a marqué pour libérer tout un pays.

Enzo : Je m'en souviens comme si c'était hier. Durant le match, mon père a failli avoir un infarctus, il n'arrêtait pas de me dire qu'il revivait un match des années 1980, une défaite contre l'Allemagne, je crois…

LÉA : Sauf que là, on a gagné… Ce soir-là, la France a plongé dans le bonheur.

ENZO : Ce fut un mois de bonheur. Aux Jeux, tu t'enflammes même pour des sports dont tu ne connais pas les règles. C'est fou comme les souvenirs nous reviennent en ce lieu…

LÉA : Rien de plus normal, ces Jeux ont marqué notre génération.

ENZO : Ça a été une usine à souvenirs. Et rappelle-toi, tout le monde pouvait y participer…

LÉA : C'est en cela que ces Jeux furent uniques. On était transcendés ! Avec mon grand frère, nous avons fait le marathon olympique, toute notre famille s'était mobilisée pour venir nous soutenir sur le parcours.

ENZO : On aurait pu se croiser. J'étais volontaire, je distribuais des bouteilles d'eau aux coureurs…

LÉA : On a dû certainement se croiser. La chaleur était caniculaire ce jour-là, j'ai eu besoin de plusieurs bouteilles pour me rafraîchir… J'ai cru être au bout de ma vie. Je me rappelle encore mon temps (*clin d'œil*).

ENZO : Combien ?

LÉA : 3 h 15.

ENZO : Énorme !

LÉA : Volontaire, ça a dû être une expérience forte ?

ENZO : Elle a changé ma vie. Ado, j'étais timide. « Faire les Jeux », comme on disait pour reprendre l'expression des athlètes, cela m'a apporté de la confiance. Je suis devenu *fluent* en anglais grâce aux Jeux…

LÉA : Tu avais pu rencontrer des athlètes ?

ENZO : Énormément, au village olympique, sur les sites de compétitions. Lors des Jeux paralympiques, comme volontaire, j'étais affecté à Roland Garros. Je guidais les journalistes. Quand Pauline Déroulède a gagné sa médaille d'or en finale du simple dames, à la fin de sa conférence de presse, elle m'a donné sa raquette… C'était ça aussi les Jeux, de la générosité partagée…

LÉA : Ces Jeux ont changé beaucoup de choses.

ENZO : Plus de sport à l'école ! Plus de sport partout d'ailleurs…

LÉA : C'est vrai, depuis de grands sportifs sont entrés à l'Académie française. Inimaginable il y a cinquante ans…

ENZO : Et ce qui est top, c'est que l'on recommence dans deux ans, avec Paris 2076. Notre génération aura connu deux fois les Jeux d'été en France… Je vais candidater pour être volontaire afin de manager des jeunes bénévoles…

LÉA : Nos enfants et petits-enfants vont vivre ce que nous avons vécu. Ils vont connaître la magie des Jeux. C'est formidable. J'en suis très heureuse.

ENZO : À ton avis, qui sera le dernier relayeur de la flamme ?

LÉA : La flamme c'est le symbole de la transmission… Allez, je prends un pari : Tony Estanguet, dans deux ans, il aura quatre-vingt-dix-huit ans, un jeune homme !

ENZO : Preuve vraiment que les grands sportifs sont immortels.

LÉA : Confirmation surtout que les Jeux invitent au rêve.

ENZO : Et sans rêve, on ne fait rien de grand…

Notes

1. L'esprit de Lima

1. Comité national olympique et sportif français.
2. Champion olympique d'aviron aux Jeux de Sydney en 2000, président de la Fédération internationale des sociétés d'aviron (Fisa), il devint membre du CIO lors de cette session du CIO à Lima.
3. Entretien avec l'auteur, 4 novembre 2021.
4. « La désillusion de Singapour », *L'Équipe*, 13 septembre 2017.
5. Jacques Rogge a été président du CIO de 2001 à 2013. Il est décédé le 29 août 2021.
6. Surnom donné à Laura Flessel au regard de sa vivacité et de ses exploits de championne d'escrime.
7. Rachel Pretti et Marc Ventouillac, « Doubles Jeux », *L'Équipe*, 21 juillet 2021 – article expliquant les coulisses de l'accord « *win-win-win* ».
8. Entretien avec l'auteur, 20 octobre 2021. Thierry Rey a été champion olympique de judo lors des Jeux de Moscou en 1980. Il est aujourd'hui membre du Comité d'organisation de Paris 2024.
9. Cité par *L'Équipe*, 21 juillet 2021.
10. Après la présentation du rapport d'opportunité le 31 janvier 2014 par Bernard Lapasset, la maire de Paris soutiendra officiellement la candidature de la capitale pour les JOP de 2024 lors d'une conférence de presse le 13 février 2015.
11. L'idée d'une candidature française sera lancée lors du conseil d'administration du CNOSF le 11 juillet 2011.

12. Interview dans *L'Équipe*, 14 septembre 2017.
13. Éditorial de *L'Équipe*, 14 septembre 2017.
14. *L'Équipe*, 14 septembre 2017.
15. Titre du livre de Jérôme Fourquet (Seuil, 2019).

2. Une gouvernance complexe

1. Comité international paralympique.
2. Comité paralympique sportif français.
3. Chaque acteur public donna 10 millions d'euros, soit 30 millions d'euros pour la puissance publique.
4. BNP Paribas, RATP, Française des Jeux, Caisse des dépôts, LVMH, Elior, JC Decaux, La Poste, Accor Hotels, Orange, Vivendi, MAIF participèrent à ce cercle en apportant, au total, 30 millions d'euros au GIP.
5. Vice-champion olympique de tennis de table aux JOP de Barcelone en 1992 et champion du monde en 1993.
6. Signé à Lima le 13 septembre 2017.
7. Loi dont l'article premier stipule : « Le comité d'organisation des Jeux olympiques et paralympiques, le Comité international olympique et le Comité international paralympique sont reconnus organisateurs des Jeux de la XXXIIIe Olympiade, ci-après désignés Jeux olympiques et paralympiques de 2024, en tant que manifestation sportive, au sens de et par dérogation à l'article L. 331-5 du Code du sport. »
8. Article 11 de la loi olympique.
9. Selon le contrat de ville hôte, cela devait se faire impérativement dans les cinq mois qui suivirent la signature dudit contrat.
10. Président de la Fédération française de rugby de 1991 à 2008, président de l'International Rugby Board de 2008 à 2016.
11. Collectivités, associations, structures administratives qui sont membres des Conseils d'administration *ad hoc*.
12. Rapport n° 484 de la députée Aude Amadou, 17 décembre 2017, au nom de la Commission des affaires culturelles et de l'éducation sur le projet de loi relatif à l'organisation des Jeux olympiques

et paralympiques de 2024, évoquant l'application du contrat de ville hôte comme un *dispositif léonin.*
13. Entretien avec l'auteur, 23 septembre 2021.
14. Respectivement dates des Jeux olympiques puis des Jeux paralympiques de Paris 2024.
15. Seront disciplines olympiques en 2024 : athlétisme, aviron, badminton, basketball, basketball-3 × 3, boxe, breaking, canoë-kayak sprint, canoë-kayak slalom, cyclisme sur route, BMX freestyle, BMX course, cyclisme sur piste, VTT, escalade, escrime, football, golf, gymnastique artistique, trampoline, gymnastique rythmique, haltérophilie, handball, hockey sur gazon, judo, lutte gréco-romaine, lutte libre, pentathlon moderne, rugby, skateboard, natation, natation en eau libre, natation artistique, plongeon, water-polo, sports équestres-concours complet, sports équestres-dressage, sports équestres, saut d'obstacles, surf, taekwondo, tennis, tennis de table, tir, tir à l'arc, triathlon, voile, volley-ball, beach-volley.
16. L'olympiade est la période de quatre ans qui précède le début des JOP. Pour Paris, elle durera trois ans du fait de la pandémie mondiale. Elle a commencé lors de la transmission du drapeau olympique aux Jeux de Tokyo à Anne Hidalgo. Nous sommes actuellement dans la XXXIIIe Olympiade de l'ère moderne.
17. La deuxième commission de coordination s'est réunie à Marseille en juin 2019.
18. Outre son président Pierre-Olivier Beckers et Christophe Dubi, sont membres de cette commission de coordination : Nicole Hoevertz (Aruba), vice-présidente, Dagmawit Girmay Berhane (Éthiopie), Marisol Casado (Espagne), Mikaela Cojuangco Jaworski (Philippine), Uğur Erdener(Turquie), Lingwei Li (Chine), Gunilla Lindberg (Suède), Auvita Rapila (Papouasie Nouvelle-Guinée), Sarah Walker (Nouvelle-Guinée), Gerardo Werthein (Argentine), Duane Kale (Nouvelle-Zélande), Francesco Ricci Bitti (Italie), Andrew Ryan (Grande-Bretagne) et Colleen Wrenn (Pérou).
19. Sont membres du conseil d'administration du Cojop au 1er mars 2022 (source : site de Paris 2024) : Président de Paris 2024 : Tony Estanguet. Président d'honneur : Bernard Lapasset. Membres du CIO : Guy Drut, Jean-Christophe Rolland. Président

du CNOSF : Brigitte Henriques. Secrétaire général du CNOSF : Didier Seminet. Représentant des fédérations olympiques désigné par le CNOSF : Jean-Pierre Siutat, président de la Fédération française de basketball. Coprésidents de la CAHN : Astrid Guyart et Romain Girouille. Représentante des CROS désignée par le CNOSF : Évelyne Ciriegi, présidente du CROSIF. Présidente du CPSF : Marie-Amélie Le Fur. Représentante des fédérations paralympiques désignée par le CPSF : Guislaine Westelynck, présidente de la Fédération française handisport. Représentant des athlètes paralympiques désigné par le CPSF : Cyril Moré. Membre français siégeant au CPSF : Tanguy de La Forest, secrétaire général du CPSF. Présidente de l'Association française des olympiens : Valérie Barlois-Leroux. Personnalités issues du monde sportif désignées par Paris 2024 : Guy Forget, Martin Fourcade, Nantenin Keita, Sarah Ourahmoune et Sandrine Martinet. Représentants de la Ville de Paris : Anne Hidalgo, maire de Paris ; Emmanuel Grégoire, premier adjoint ; Pierre Rabadan, adjoint chargé des sports. Représentants de la région Île-de-France : Valérie Pécresse, présidente de la région Île-de-France ; Yasmine Camara, déléguée spéciale de la région Île-de-France aux Jeux olympiques et paralympiques et Grands Événements ; Patrick Karam, vice-président. Représentants de l'État : Roxana Maracineanu, ministre déléguée auprès du ministre de l'Éducation nationale, de la Jeunesse et des Sports, chargée des Sports ; Sophie Cluzel, secrétaire d'État auprès du Premier ministre, chargée des personnes handicapées ; Olivier Dussopt, ministre délégué auprès du ministre de l'Économie, des Finances et de la Relance, chargé des Comptes publics. Représentants du conseil départemental de Seine-Saint-Denis : Stéphane Troussel, président du conseil départemental de Seine-Saint-Denis ; Emmanuel Constant, conseiller départemental chargé du sport et des grands événements. Représentants de la métropole du Grand Paris : Patrick Ollier, président de la métropole du Grand Paris ; Quentin Gesell, maire de Dugny. Représentant des collectivités hors Île-de-France : Benoît Payan, maire de Marseille. Délégué interministériel aux Jeux olympiques et paralympiques de 2024 : Michel Cadot. Directeur général de la Solideo : Nicolas

Ferrand. Établissement public territorial Plaine Commune : Mathieu Hanotin, président de Plaine Commune. Établissement public territorial Terre d'envol : Jean-Baptiste Borsali, maire du Bourget. Représentant des organisations représentatives des salariés : Bernard Thibault, membre du conseil d'administration du Bureau international du travail (BIT). Représentant des organisations représentatives des employeurs : Geoffroy Roux de Bézieux, président du Medef. Représentants issus de la société civile, monde économique, ONG : Alexandre Mars, président et fondateur, Fondation Epic ; Alain Rochon, président d'APF France Handicap ; Michel Cymes, médecin et chirurgien ; Thierry Beaudet, président du Conseil économique social et environnemental ; Ryadh Sallem, paralympien, fondateur de l'association CAPSAAA ; Gilles Bœuf, président du Comité pour la transformation écologique des Jeux.

20. Meet-up TPE/PME/ESS, premier trimestre 2020.

21. Sont représentés au nom de l'État : les ministères en charge des Sports, des Comptes publics, des Personnes en situation de handicap, de l'Urbanisme, du Logement, du Développement durable, des Transports, de l'Économie, de l'Intérieur, des Collectivités territoriales, de la Culture, et le Dijop. Le préfet de la Région Île-de-France y assiste de droit. Sont représentés au nom des collectivités locales : la Ville de Paris, la Région Île-de-France, le département de Seine-Saint-Denis, le département des Hauts-de-Seine, le département des Yvelines, l'établissement public Plaine Commune, la Métropole du Grand Paris, l'établissement public territorial Terres d'Envol, la ville de Marseille, la ville du Bourget, la ville de Dugny, l'agglomération de Saint-Quentin-en-Yvelines. Sont membres invités les préfets de la Seine-Saint-Denis, de la Région Paca, des Yvelines et les maires de Saint-Ouen, Saint-Denis, La Courneuve et L'Île-Saint-Denis.

22. Décret n° 2017-1536 du 13 septembre 2017.

23. Une quinzaine de collaborateurs, auxquels s'ajoutent une quinzaine d'autres au sein de la Diges.

24. Les réunions autour du « dijop » sont nombreuses. Elles permettent par thème d'aboutir à une répartition des rôles entre les

différents acteurs et d'aboutir à des plans d'actions concrets en matière de transports, d'emploi, d'aménagement…

25. Rapport « Risques de délais et de coûts concernant certaines opérations majeures prévues pour les Jeux olympiques et paralympiques 2024 », dit « rapport des trois inspections », publié en mars 2018, coécrit par l'Inspection générale des finances, le Conseil général de l'environnement et du développement durable et l'Inspection générale de la jeunesse et des sports. Il fut pris en compte pour éviter un non-respect des délais pour certains projets et surtout pour respecter l'enveloppe financière. Ce rapport estimait à 600 milliards d'euros les risques de dérapage sur le programme de la Solideo.

26. Entretien avec l'auteur, 1er octobre 2021.

3. Du coût des Jeux

1. Œuvres des peintres Henri Gervex et Aimé Morot.
2. Discours d'Édouard Philippe, Hôtel de Ville de Paris, 14 juin 2018.
3. *Ibid.*
4. Lesechos.fr, 12 juin 2028 par Christophe Palierse et Philippe Bertrand.
5. Parc des expositions de la porte de Versailles.
6. « Agenda olympique 2020 : points forts », brochure du CIO, 2021.
7. Selon le site de la Solideo : www.ouvrages-olympiques.fr/
8. Cité lors du conseil d'administration de la Solideo, le 4 mars 2021.
9. Dossier de présentation des Jeux olympiques de Paris 2024, « Fiers de prendre le relais » (juillet 2021), diffusé lors des Jeux de Tokyo.
10. Le stade aquatique olympique était une structure non pérenne pour les épreuves de natation, le Centre aquatique olympique fera partie de l'héritage des Jeux. Ce dernier accueillera les épreuves de

natation synchronisée, de plongeon et les phases préliminaires du tournoi de water-polo.

11. Dépêche AFP : « JO 2024/économies : les élus de Seine-Saint-Denis poussent un coup de gueule », 10 septembre 2020.

12. *Ibid.*

13. *Ibid.*

14. « JO Paris 2024 : le hand à Lille, c'est quoi le problème ? », lavoixdunord.fr, 11 août 2021.

15. Nicolas Lepeltier, « JO de Paris 2024 : "un projet renforcé "et un nouveau budget en très légère hausse », lemonde.fr, 17 décembre 2020.

16. Note budgétaire du Cojop du 17 décembre 2020.

17. Sont aujourd'hui partenaires ou supporters officiels de Paris 2024 *:* Airbnb, Alibaba, Allianz, Atos, Bridgestone, Coca-Cola-Mengniu, Intel, Omega, Panasonic, P&G, Samsung, Toyota et Visa, Sanofi, BPCE, EDF, Orange, Accor, Cisco, Decathlon, PwC, FDJ, Le Coq sportif, DXC Technology, Optic 2000 et Sodexo Live.

18. Entretien avec l'auteur, 16 décembre 2021.

19. Il regroupe quinze entreprises : Airbnb, Alibaba group, Allianz, Atos, Bridgestone, Coca-Cola, Dow, General Electric, Intel, Omega, Panasonic, P&G, Samsung, Toyota et Visa.

20. XXIIIe Jeux olympiques d'hiver, qui se déroulèrent du 9 au 25 février 2018.

21. « Agenda olympique 2020 : points forts », brochure du CIO, 2021.

22. « Agenda olympique 2020+5 », brochure du CIO, 2021.

23. Tribune « Le sport, atout émotion des marques », strategies.fr, 25 août 2021.

24. Alexandre Bailleul, « Qui sont les 15 sponsors du CIO pour les Jeux olympiques de Tokyo ? », 23 juillet 2021.

25. « Agenda olympique 2020 : points forts », brochure du CIO, 2021.

26. Entretien avec l'auteur, 21 novembre 2021.

27. 0,1 milliard au Cojop + 1,8 milliard à la Solideo (1,552 milliard de subvention publique au programme Solideo plus 280 millions

rajoutés par des collectivités pour infrastructures non nécessaires aux JOP mais importante pour l'héritage).

28. État, Région Île-de-France et Ville de Paris.

29. « Agenda olympique 2020 : points forts », brochure du CIO, 2021.

30. Exposition « *Borrow, build, abandon. Athenian adventures in concrete and steel* », jamiemcgregorsmith.com

31. Sont membres de ce comité : Jean-Paul Bailly, président d'honneur du groupe La Poste ; Laurent Galzy, contrôleur général économique et financier ; Ivoa Alavoine, délégué générale aux Jeux olympiques et paralympique de la Ville de Paris ; Régis Juanico, député de la Loire ; Michel Laugier, sénateur des Yvelines ; Abdelouahid Ben Taleb, *senior director total rewards, global mobility & people analytics,* booking.com ; Sophie Guieysse, directrice des ressources humaines, Richement international ; Bruno Guillemet, vice-président et DRH groupe, Valeo ; Philippe Lamblin, délégué aux emplois en Région Hauts-de-France ; Évelyne Sevin, associée, Egon Zehnder.

32. Estimation de *L'Équipe* et France Bleu citée par Gilles Festor, « Baisse des salaires en ligue 1 : combien touche un joueur en moyenne », lefigaro.fr, 13 janvier 2021.

33. Site de Paris 2024, page de présentation du comité d'audit : www.paris2024.org/fr/

34. Composition du comité d'audit : Jacques Lambert, ancien préfet, ancien président du comité de pilotage de l'Euro 2016, et directeur général du comité français d'organisation de la Coupe du monde de football 1998 ; Marie-Céline Courtet, directrice pôle Administration & Finances du CNOSF et membre du comité d'audit, éthique et rémunération de l'ANS ; Jean-Marc Oléron, sous-directeur de la 8e sous-direction, ministère du Budget ; Christian de Vaulchier, coordinateur général du contrôle interne comptable et financier, Mairie de Paris ; Catherine Sueur, présidente de *Télérama* et présidente de son conseil de surveillance ; François Morinière, membre du conseil de surveillance du Groupe Bayard, ancien directeur général de *L'Équipe* : Jérémie Pellet, directeur Expertise France ; Patricia Langrand, vice-présidente

exécutive du groupe Steria ; les commissaires aux comptes de Paris 2024.

35. Inspection générale des finances, Inspection générale de l'éducation, du sport et de la recherche et Conseil général de l'environnement.

36. Entretien avec l'auteur, 14 janvier 2022.

37. Évangile selon saint Luc, 6, versets 41-45.

38. Tribune publiée sur libération.fr le 21 septembre 2019, signée par 28 universitaires : Isabelle Barbéris, maître de conférences et HDR en arts de la scène ; Patrick Baudry, professeur de sociologie à l'Université Bordeaux-Montaigne ; Gérard Bras, ancien directeur de programme au Collège international de philosophie, président de l'Université populaire des Hauts-de-Seine ; Jean-François Braunstein, professeur de philosophie contemporaine à l'université Paris I-Panthéon-Sorbonne ; Jean-Marie Brohm, professeur émérite de sociologie à l'Université Montpellier III ; Gilles Bui-Xuân, professeur émérite à l'Université d'Artois UFRSTAPS ; Paul Cesbron, gynécologue-obstétricien, secrétaire de la Société d'histoire de la naissance ; Angélique Christaki, psychanalyste, HDR à Paris XIII-Sorbonne ; Fanny Cohen-Herlem, pédopsychiatre et psychanalyste au Conseil national de protection de l'enfance ; Anne-Lise Diet, psychologue, psychanalyste, analyste de groupe et d'institution ; Georges Federmann, psychiatre et écrivain ; Christian Godin, philosophe ; Jacques Gleyse, professeur émérite à l'Université Montpellier II UFRSTAPS ; Pierre Guerlain, professeur de civilisation américaine à l'Université Paris-Ouest Nanterre ; Claude Javeau, professeur émérite de sociologie à l'Université libre de Bruxelles ; Patrice Leroux, psychologue ; Laurent Loty, historien des idées et des imaginaires scientifiques et politiques au CNRS ; Catherine Louveau, professeure émérite de sociologie à l'Université Paris-Sud UFRSTAPS ; Jean-Christian Mazzoni, professeur de gestion de patrimoine ; Robert Misrahi, professeur émérite de philosophie éthique à l'Université Paris I-Panthéon-Sorbonne ; Fabien Ollier, directeur de publication de la revue *Quel sport ?* ; Laetitia Petit, maître de conférences en psychologie clinique à l'Université Aix-Marseille ; Robert Redeker, philosophe ; Louis Sala-Molins,

professeur émérite de philosophie politique aux Universités Paris I et Toulouse II ; Pierre-André Taguieff, philosophe et politologue, directeur de recherche au CNRS ; Jacques Testart, biologiste et écrivain ; Yves Vargas, philosophe ; Patrick Vassort, maître de conférences en sociologie à l'UFRSTAPS de Caen.

39. Tribune intitulée « JO à Paris, il est irresponsable de dilapider l'argent public dans une opération de prestige pharaonique ». Signataires : Isabelle Barbéris, maître de conférences habilité à diriger des recherches en arts de la scène, Université de Paris ; Patrick Baudry, professeur de sociologie à l'Université Bordeaux III ; Jean-François Braunstein, professeur de philosophie contemporaine à l'Université Paris I-Panthéon-Sorbonne ; Jean-Marie Brohm, professeur émérite de sociologie à l'Université Paul-Valéry-Montpellier ; Pascal Bruckner, philosophe et écrivain ; Paul Cesbron, gynécologue-obstétricien, secrétaire de la Société d'histoire de la naissance ; Angélique Christaki, psychanalyste, habilitée à diriger des recherches à Paris XIII-Sorbonne ; Rodolphe Christin, sociologue et essayiste ; Fanny Cohen-Herlem, pédopsychiatre et psychanalyste au Conseil national de protection de l'enfance ; Anne-Lise Diet, psychologue, psychanalyste, analyste de groupe et d'institution ; Emmanuel Diet, philosophe, psychologue et psychanalyste ; Georges Federmann, psychiatre et écrivain ; Luc Ferry, philosophe, ancien ministre de la Jeunesse, de l'Éducation nationale et de la Recherche ; Christophe Fourel, économiste ; Christian Godin, philosophe ; Pauline Iarossi, docteure en philosophie ; Claude Javeau, professeur émérite de sociologie à l'Université libre de Bruxelles ; Catherine Louveau, professeure émérite de sociologie à l'université Paris-Saclay ; Serge Martin-Desgranges, directeur territorial, professeur associé des universités ; Sophie de Mijolla-Mellor, philosophe et psychanalyste, professeur émérite Université Paris-Diderot ; Mahmoud Miliani, professeur agrégé d'EPS à l'UFRSTAPS de Montpellier ; Robert Misrahi, professeur émérite de philosophie éthique à l'Université Paris I-Panthéon-Sorbonne ; Fabien Ollier, directeur de publication de la revue *Quel sport ?* ; Laetitia Petit, maître de conférences habilité à diriger des recherches en psychologie clinique à l'Université Aix-Marseille ; Louis Sala-Molins, professeur émérite de philosophie

politique aux Universités Paris I et Toulouse II ; Françoise Schwab, historienne, Paris ; Daniel Salvatore Schiffer, philosophe, écrivain ; Annie Sugier, présidente de la Ligue du droit international des femmes ; Jean Szlamowicz, linguiste et traducteur, professeur à l'Université de Bourgogne ; Pierre-André Taguieff, philosophe et politologue, directeur de recherche au CNRS ; Jacques Testart, biologiste et essayiste ; Patrick Tort, directeur de l'Institut Charles-Darwin international, lauréat de l'Académie des sciences ; Patrick Vassort, maître de conférences en sociologie à l'UFRSTAPS de Caen, Laurence Werli, doctorante en histoire des sciences à l'École des hautes études en sciences sociales.

40. Sont membres du comité d'éthique : Jean-Marc Sauvé, vice-président honoraire du Conseil d'État, désigné par le vice-président du Conseil d'État ; Pauline Caby, adjointe au défenseur des droits, désignée par le défenseur des droits ; Hélène Denis, directrice adjointe de l'Agence française anticorruption, désignée par le directeur de l'Agence française anticorruption ; Nicola Bonucci, directeur des affaires juridiques de l'OCDE, désigné par le secrétaire général de l'OCDE ; Alain Lacabarats, président de chambre honoraire à la Cour de cassation, désigné par le Premier président de la Cour de cassation ; Patrick Lefas, président de chambre honoraire à la Cour des comptes, désigné par le Premier président de la Cour des comptes. Aude Amadou, députée de Loire-Atlantique et Michel Savin, sénateur de l'Isère, siègent au Comité d'éthique avec voix consultative.

41. Aline Gérard, « Jean-Marc Sauvé, un président sans peur et sans reproche », *Le Parisien*, 3 octobre 2021.

4. Un héritage de première importance

1. La traditionnelle Journée olympique se déroula conjointement avec la Fête du sport sur deux jours, les 22 et 23 juin, lors d'un « week-end olympique ».

2. Comité régional olympique du sport d'Île-de-France.

3. Discours de Valérie Pécresse à Vaires-sur-Marne, 22 juin 2019.

4. Dossier de presse de l'inauguration Stade nautique olympique d'Île-de-France : « Le plus grand stade d'eau vive d'Europe au cœur de l'île de loisirs de Vaires-Torcy. »
5. Communauté d'agglomération de Saint-Quentin-en-Yvelines.
6. Union cycliste internationale.
7. Document de la Solideo, 1er avril 2021.
8. Dossier de présentation : « D'une colline en friche à un parc sportif et environnemental exemplaire. »
9. « La colline d'Élancourt : les Jeux au service du territoire et de ses usagers », communiqué de presse conjoint de la Solideo, l'agglomération de Saint-Quentin-en-Yvelines, le département des Yvelines, la Région Île-de-France et Paris 2024, 1er avril 2021.
10. Communiqué de la Ville de Paris, 27 mai 2020.
11. *Ibid.*
12. Cet ensemble de collectivités hôtes regroupe les conseils régionaux, conseillers départementaux, collectivités, agglomérations, établissements public territoriaux qui accueillent au moins une épreuve des Jeux : Alpes-Maritimes, Auvergne-Rhône-Alpes, Bordeaux, Bordeaux métropole, Bouches-du-Rhône, Boucle nord de Seine, Châteaufort, Chelles, Colombes, Dugny, Élancourt, Gironde, Grand Paris Grand Est, Guyancourt, Hauts-de-France, Hauts-de-Seine, Île-de-France, Île-Saint-Denis, La Courneuve, Le Bourget, Lille, Loire, Loire-Atlantique, Lyon, Magny-les-Hameaux, Marseille, Métropole Aix-Marseille-Provence, Métropole de Lyon, Métropole de Nice, Métropole du Grand Paris, Métropole européenne de Lille, Montigny-le-Bretonneux, Nanterre, Nantes, Nantes métropole, Nord, Nouvelle-Aquitaine, Paris Est Ensemble, Paris Ouest La Défense, Paris Vallée de la Marne, Pays-de-la-Loire, Plaine Commune, Polynésie française, Provence-Alpes-Côte-d'Azur, Rhône, Saint-Cyr-l'École, Saint-Denis, Saint-Étienne, Saint-Étienne métropole, Saint-Ouen, Saint-Quentin-en-Yvelines, Seine-et-Marne, Seine-Saint-Denis, Taiarapu Ouest, Terres d'Envol, Trappes, Vaires-sur-Marne, Versailles, Versailles Grand Parc, Villeneuve d'Ascq, Yvelines.
13. C'est le nombre de chantiers arrêtés au premier trimestre 2022. Cinquante-six seront en activité avant la fin de l'année 2022.

14. Nombre de CPJ validé à la fin de l'année 2021. Le catalogue des CPJ sera finalisé courant 2022.
15. Entretien avec l'auteur, 6 octobre 2021.
16. Entretien avec l'auteur, 21 octobre 2021.
17. Entretien avec l'auteur, 6 octobre 2021.
18. Rapport Paris 2024, « Des Jeux qui répondent aux défis de société actuels », juillet 2021, publié par le Cojop.
19. Entretien avec l'auteur, 21 octobre 2021.
20. *Ibid.*
21. Sandrine Lefèvre, « Trois chefs régaleront tout le village olympique », *Le Parisien*, 18 octobre 2021.
22. Réseau de transport et d'électricité.
23. Entretien avec l'auteur, 21 octobre 2021.
24. Gilles Bœuf, professeur (Sorbonne, AgroParisTech), expert biodiversité ; Benoît Leguet, *managing director* I4CE (Institute for Climate Economics), expert climat ; Lola Vallejo, directrice du programme climat de l'Iddri, experte climat ; Nathalie Boyer, déléguée générale OREE, experte économie circulaire ; Pascale Dalix, *managing partner* (agence Chartier Dalix), experte construction durable ; Thierry Marx, chef, expert restauration durable ; Vincent Courboulay, directeur scientifique (Institut numérique responsable), expert numérique responsable ; Arnaud Leroy, président de l'Ademe, expert innovation durable.
25. Rapport Cojop : « Paris 2024, des Jeux qui répondent aux défis de société actuels », juillet 2021.
26. *Ibid.*
27. Rapport durabilité et héritage août 2021 publié par le Cojop.
28. Interview accordée à Rachel Pretti, *L'Équipe*, 11 février 2020.
29. *Ibid.*
30. Cojop, « Rapport durabilité et héritage », août 2021.
31. Selon le plan de la Ville de Paris « Transformations olympiques ».
32. La création a été validée par le conseil d'administration du Cojop, le 27 juin 2019.
33. Note interne du Cojop, « Principes directeurs du fonds de dotation Paris 2024 », 11 juin 2020.

34. Communication « L'héritage international de Paris 2024 », 21 septembre 2021.
35. Entretien avec l'auteur, 20 janvier 2022.
36. Étude du CDES de Limoges de 2021 confirmant celle de 2019.
37. Interview au *Parisien*, 4 avril 2019.
38. Alexandre Arlot, « Sur le chantier du village olympique, Macron sonne la mobilisation », *Le Parisien*, 15 octobre 2021.
39. Brochure du Cojop, « Les opportunités économiques des Jeux », 30 septembre 2021.
40. Entretien avec l'auteur, 26 octobre 2021.
41. Confédération des petites et moyennes entreprises et Union des entreprises de proximité.
42. Selon le site de l'association : « Les Canaux animent la Maison des économies solidaires et innovantes. Dans ce magnifique pavillon rénové entièrement à partir de déchets réinventés, l'association organise des événements pour sensibiliser le plus grand nombre à de nouveaux modes de vie et de consommation. »
43. Le Centre Yunus Paris a été créé fin 2017 à l'initiative du professeur Muhammad Yunus, Prix Nobel de la paix 2006, fondateur de la Grameen Bank et Citoyen d'Honneur de la Ville de Paris. À l'invitation d'Anne Hidalgo, le Centre Yunus Paris s'est installé à la Maison des Canaux, au bord du bassin de La Villette, convertie par la municipalité en maison des économies solidaires et innovantes. À l'image du Yunus Center fondé au Bangladesh pour répondre aux défis de la grande pauvreté, le Centre Yunus Paris est le centre de ressources permanent du social business en France. Il entend promouvoir une économie à trois zéros : zéro pauvreté, zéro chômage, zéro émissions carbone. En collaboration avec tous ceux qui se reconnaissent dans cette vision, il entend susciter, développer et accompagner une dynamique des acteurs autour du social business. Il représente notamment le professeur Yunus dans les instances organisatrices des Jeux olympiques et paralympiques de Paris 2024, afin d'en faire les Jeux les plus exemplaires de l'Histoire au plan de l'inclusion sociale, du développement des territoires et de l'impact environnemental. (Source : page LinkedIn du Centre Yunus Paris.)

44. Brochure du Cojop, « Les opportunités économiques des Jeux », 30 septembre 2021.
45. Sandrine Lefèvre, « Londres, le bel exemple », *Le Parisien*, 4 avril 2019.
46. Les études d'impact sur les JOP demandées par l'État : 1) Progression de la pratique sportive régulière de la population adulte en France. 2) Évaluation de la politique de très haute performance et de son impact sur les résultats des équipes de France aux JOP. 3) Mesure annuelle territorialisée du poids économique direct des JOP dans les commandes aux entreprises et l'emploi. 4) Impact des JOP sur le tourisme en France et en Île-de-France. 5) Mesure de l'impact net des JOP sur le PIB du pays et sur celui de l'Île-de-France en 2024. 6) « Analyse coûts-bénéfices » des Jeux, en tenant compte notamment des apports des investissements, de la satisfaction de la population et du coût pour les finances publiques. 7) Quantifier et décrire les différents publics des JOP. 8) Accessibilité des sites olympiques et paralympiques aux personnes en situation de handicap. 9) Empreinte carbone et impact sur la biodiversité des JOP. 10) Évaluation de l'impact des JOP sur l'amélioration de la baignabilité de la Seine. 11) Rattrapage économique et social des territoires olympiques. 12) Accélération de l'apprentissage de la natation en Seine-Saint-Denis. 13) Évaluation des conséquences des projets olympiques sur l'urbanisme francilien, au regard des objectifs affichés en phase de candidature.
47. « Candidature Paris 2024. Étude d'impact », CDES, 2016.
48. Entretien avec l'auteur, 16 décembre 2021.
49. Chiffres de BPCE L'Observatoire, « La filière sport prend ses marques », février 2020.
50. Données de BPCE L'Observatoire, « La filière sport retient son souffle », février 2021.
51. « Le sport, laboratoire et intégrateur d'innovations », *Les Dossiers de l'IRDS*, n° 41, mars 2021.
52. Source Injep citée par Business France sport-tech, édition 2021.
53. Prédiction du sociologue Jean Viard dans un entretien à lexpress.fr, 17 avril 2021.
54. Approche stratégique du CIO en matière d'héritage, décembre 2017.

5. Haussmann en Seine-Saint-Denis

1. Conseil d'administration, 12 décembre 2019.
2. Note du Cojop relative au choix du futur siège de Paris 2024, 15 octobre 2024.
3. En France, en 2021, une personne est considérée comme pauvre si son revenu mensuel est inférieur à 1 023 euros.
4. Droit au logement opposable.
5. IDH-2, indicateur de développement humain prend en compte trois critères : niveau de vie, éducation et santé.
6. Source Insee.
7. Entretien avec l'auteur, 26 octobre 2021.
8. Rapport d'information de l'Assemblée nationale, 31 mai 2018, par le comité d'évaluation et de contrôle des politiques sur l'évaluation de l'action de l'État dans l'exercice de ses missions régaliennes en Seine-Saint-Denis.
9. *Ibid.*
10. *Ibid.*
11. Entretien avec l'auteur, 26 octobre 2021.
12. *Ibid.*
13. *Ibid.*
14. Agence nationale de la rénovation urbaine.
15. Entretien avec l'auteur, 17 septembre 2021.
16. *Ibid.*
17. Entretien avec l'auteur, 23 octobre 2021.
18. Présentation du Centre aquatique olympique, dossier de presse de la MGP, 15 mai 2020.
19. Jean-Julien Ezvan, « La Seine-Saint-Denis, un territoire au cœur des Jeux », *Le Figaro*, 26 juillet 2021.
20. « Projet de réaménagement des échangeurs Pleyel et Porte de Paris. Contribution de la préfecture de Police au mémoire en Défense de l'État sur les questions de sécurité », note en date du 16 juillet 2020.
21. *Ibid.*
22. *Ibid.*
23. Entretien avec l'auteur, 21 novembre 2021.

24. Déclaration de Dominique Perrault sur la page YouTube de Business Immo, 22 novembre 2019.
25. « Excellence environnementale du village des athlètes », note de la Solideo, septembre 2020.

6. De la politique

1. Entretien avec l'auteur, 26 octobre 2021.
2. Le Stade de France a été inauguré par Jacques Chirac le 28 janvier 1998, à l'occasion d'un match amical entre la France et l'Espagne.
3. « Paris 2024. Point d'étape avec le président Macron », *L'Équipe*, 28 février 2018.
4. Business France, *Points infrastructures*, édition 2021.
5. Selon le *Tableau de bord de l'économie française* publié par Business France en 2020.
6. Étienne Thobois faisait partie de l'équipe de badminton aux Jeux d'Atlanta en 1996.
7. Entretien avec l'auteur, 26 octobre 2021.
8. L'Agence nationale des fréquences.
9. Surnom donné par Tony Estanguet aux collaborateurs de Paris 2024, entretien avec l'auteur, 16 décembre 2021.
10. Entretien avec l'auteur, 4 novembre 2021.
11. Procès-verbal du conseil d'administration du Cojop, 30 septembre 2021.
12. « Pécresse et Hidalgo, main dans la main à Tokyo pour reconquérir les touristes japonais », lefigaro.fr, 28 février 2016.
13. Entretien avec l'auteur, 26 novembre 2021.
14. Selon le site de l'Unesco.
15. Entretien avec l'auteur, 21 octobre 2021. Jean-François Vilotte a été directeur de cabinet de Jean-François Lamour au ministère de la Jeunesse, des Sports et de la Vie associative ; président de l'Autorité de régulation des jeux en ligne (Arjel) ; directeur général de la Fédération française de tennis.
16. Adresse du ministère des Sports.
17. Entretien avec l'auteur, 12 novembre 2021.

7. La fête populaire

1. Rachel Pretti, « La femme olympique », *L'Équipe*, 22 octobre 2019.
2. Quadruple médaillé paralympique en tennis fauteuil.
3. Rachel Pretti, « La femme olympique », *op. cit.*
4. Sondage Opinionway, octobre 2019.
5. Entretien avec l'auteur, 26 novembre 2021.
6. Jean-Julien Ezvan, « La fête prête à sortir des stades », *Le Figaro*, 29 juillet 2021.
7. Entretien avec l'auteur, 25 novembre 2021.
8. *Ibid.*
9. Sondage réalisé par l'institut Ipsos pour le Cojop, 15 décembre 2021.
10. Entretien avec l'auteur, 26 novembre 2021.
11. Entretien avec l'auteur, 20 octobre 2021.
12. Entretien avec l'auteur, 23 septembre 2021.
13. Entretien avec l'auteur, 25 novembre 2021.
14. Gilles Festor, « JO : la France dit merci à ses militaires », *Le Figaro*, 12 août 2021.
15. *Ibid.*
16. *Ibid.*
17. Aux Jeux de Rome, en 1960, la France n'obtint aucune médaille d'or et seulement cinq médailles, pour 235 athlètes français engagés.
18. Marceau Crespin (1915-1988), nommé délégué à la préparation olympique en 1961, fut à l'origine de la création du centre d'entraînement de Font-Romeu en 1968.
19. Entretien avec l'auteur, 22 octobre 2021.
20. Institut national du sport, de l'expertise et de la performance.
21. Ce club parlementaire se réunit trois fois par an, autour d'une thématique liée au sport, à la Maison de l'Amérique latine.
22. *Sport & Liberté*, Denoël, 1980.
23. Interview à Europe 1, 9 août 2021.
24. Tweet d'Evan Fournier, 9 août 2021.
25. Entretien avec l'auteur, 15 décembre 2021.

26. *Sport & Liberté, op. cit.*
27. Cédric Callier, « Le volley français s'organise pour surfer sur l'or olympique », *Le Figaro*, 13 octobre 2021.
28. Surnom donné à l'équipe de France masculine de handball dans les années 2010.
29. Entretien avec l'auteur, 16 décembre 2022.
30. Secrétaire d'État aux Sports d'avril 2014 à mai 2017.
31. Rapport de Frédéric Jugnet et Hervé Madoré, « La réussite olympique et paralympique : performance 2024 ».
32. Entretien avec l'auteur, 12 novembre 2021.
33. Entretien avec l'auteur, 16 décembre 2021.
34. Rachel Pretti, « Claude Onesta : “Si on veut renverser la table, il va falloir faire autre chose aux JO de 2024” », lequipe.fr, 13 septembre 2021.
35. « Ambition bleue » de l'ANS, octobre 2020.
36. Entretien avec l'auteur, 22 octobre 2021.
37. Entretien au *Monde* de Claude Onesta, manager de la haute performance, 7 octobre 2020.
38. Le directeur technique national occupe un rôle central au sein des fédérations. Selon le site du ministère des Sports, c'est « un technicien de très haut niveau dans sa spécialité sportive. Le DTN est placé sous la double autorité, hiérarchique, du ministère des Sports et, fonctionnelle, du président de sa fédération. Il est au centre d'un système complexe où il doit composer avec des enjeux sportifs, juridiques, médiatiques, sociaux, économiques, humains, politiques et professionnels. En conséquence, il doit être à la fois entraîneur, négociateur, visionnaire, gagneur et communicant. Il doit développer des relations privilégiées avec les élus et en particulier avec le président de la fédération. C'est à la fois un manager, un gestionnaire et un leader. Il coordonne l'action de l'ensemble des CTS et du personnel technique de la direction technique nationale. Il contribue à la définition de la politique fédérale, en assure l'application et en évalue les résultats ».
39. « Révélons la France du sport ! », programme de Brigitte Henriques pour la présidence du CNOSF, juin 2021.
40. Entretien avec l'auteur, 15 décembre 2021.

41. Entretien avec l'auteur, 16 décembre 2021.
42. Entretien avec l'auteur, 22 octobre 2021.
43. « Ambition bleue » de l'ANS, octobre 2020.
44. Sandrine Lefèvre, « Qui dirige le sport français ? », *Le Parisien*, 9 octobre 2021.
45. Agence nationale de la recherche.
46. THPCA2024, « Paris 2024 : le Cnam impliqué dans le projet de recherche "Sport de très haute performance" », cnam.fr, 12 novembre 2020.
47. Fédération française d'aviron.
48. Marc Ventouillac, « Grobler, le gourou des rameurs », *L'Équipe*, 27 octobre 2021.
49. *Ibid.*
50. Thomas Segissement, « Leur mission, faire le plein de médailles », *Le Parisien*, 15 décembre 2021.
51. *Ibid.*
52. *L'Équipe*, 29 octobre 2021.
53. Amaia Cazenave, « JO de Paris 2024 : Teddy Riner promet d'en être », leparisien.fr, 2 août 2021.
54. Jean-Julien Ezvan, « Jeux paralympiques 2024 : Hanquinquant, porteur de la flamme de la "différence" », *Le Figaro*, 2 décembre 2021.
55. Jean-Julien Ezvan, « Paris 2024 au pied de l'immense défi olympique », *Le Figaro*, 9 août 2021.
56. Entretien avec l'auteur, 16 décembre 2021.
57. Interview à *L'Équipe* le 28 octobre 2021.

8. Pour la jeunesse

1. « Plan héritage et durabilité des Jeux olympiques et paralympiques de Paris 2024 », brochure du Cojop, juin 2021.
2. « Paris 2024, des Jeux qui répondent aux défis de société actuels », brochure du Cojop, juillet 2021.
3. Quartier prioritaire de la ville.
4. Entretien avec l'auteur, 6 octobre 2020.

5. Rapport du comité Prévention santé jeunes, rédigé par l'auteur et publié en 2017.
6. « *Not in Education, Employment or Training* ».
7. Entretien avec l'auteur, 10 novembre 2021.
8. Frédéric Dabi et Stewart Chau, *La Fracture*, Les Arènes, 2021.
9. Abel Mestre, « Écologie, laïcité, représentativité… Les 18-30 ans, une génération désenchantée », *Le Monde*, 6 octobre 2021.
10. Chiffres cités par Frédéric Dabi avec Stewart Chau, *op. cit.*
11. Agenda 2025+5, CIO, mars 2021.
12. Tribune d'Allison Pineau, « Jeux olympiques 2024. Ne laissons pas les habitants des quartiers se dire : ce n'est pas pour nous », *Le Parisien*, 10 février 2019.
13. Éric Bruna, « La breakdance aux JO de Paris, c'est sérieux ? », *Le Parisien*, 15 février 2019.
14. *La Fracture*, *op. cit.*
15. Interview de Tony Estanguet par Vanessa Schneider, lemonde.fr, 19 septembre 2021.
16. *Ibid.*
17. *Ibid.*
18. Entretien avec l'auteur, 9 novembre 2021.
19. Entretien avec l'auteur, 1er octobre 2021.
20. Marc Ventouillac, « Estanguet à la croisée des chemins », *L'Équipe*, 20 juillet 2020.
21. Entretien avec l'auteur, 16 décembre 2021.
22. Entretien avec l'auteur, 16 décembre 2021.
23. Entretien avec l'auteur, 25 novembre 2021.

9. Pour une nation sportive

1. Interview au *Monde*, 24 octobre 2020.
2. Interview à *L'Équipe*, 25 juillet 2021.
3. Entretien avec l'auteur, 15 décembre 2021.
4. Entretien avec l'auteur, 6 octobre 2021.
5. Interview à *L'Équipe*, 26 juillet 2020.

6. Quatrième principe fondamental de la Charte olympique du CIO.
7. Entretien avec l'auteur, 6 octobre 2021.
8. Chiffres de BPCE Observatoire, « La filière sport prend ses marques », février 2020.
9. *Faire réussir la France*, Fayard, 2021.
10. Bertrand Pulman, *Hyperformance. Écoutez ce que les champions vous disent*, Éditions du Palio, 2021.
11. Entretien avec l'auteur, 21 octobre 2021.
12. Entretien avec l'auteur, 16 décembre 2021.
13. Surnom donné à l'équipe de basketball des États-Unis lors des Jeux de Barcelone en 1992.
14. Entretien avec l'auteur, 27 septembre 2021.
15. Bertrand Pulman, *Hyperformance*, *op. cit.*
16. Luc Ferry, « *No sport !* Roland-Garros, Wibledon, Le Mans, Euro, Vélo, JO… Ouf, le calvaire touche à sa fin ! », *Le Figaro*, 8 septembre 2016.
17. Entretien avec l'auteur, 21 octobre 2021.
18. « JO de Paris 2024 : pourquoi opposer le sport à la culture alors qu'ils devraient être deux piliers d'épanouissement ? », *Le Monde*, 22 septembre 2020. Tribune signée par Émilie Andéol, championne olympique de judo ; Jean-Luc Arassus, Fédération française de surf ; Valérie Barlois-Leroux, championne olympique d'escrime ; Alain Bertholom, Fédération française de lutte ; James Blateau, Fédération française de gymnastique ; Pascal Boniface, géopolitologue ; Joël Bouzou, président de l'Association mondiale des olympiens ; Thierry Braillard, ex-secrétaire d'État chargé des Sports ; Michel Callot, Fédération française de cyclisme ; David Douillet, ex-ministre des Sports, champion olympique de judo ; Pierre Durand, champion olympique d'équitation ; Guy Drut, ex-ministre des Sports, champion olympique d'athlétisme ; Laura Flessel, ex-ministre des Sports, championne olympique d'escrime ; Valérie Fourneyron, présidente de l'Autorité de contrôle indépendante antidopage ; Denis Gargaud-Chanut, champion olympique de canoë-kayak ; Olivier Girault, champion olympique de handball ; Edgar Grospiron, champion olympique de ski ; Nicolas Hénard, champion olympique de

voile, Fédération française de voile ; Amandine Henry, capitaine de l'équipe de France de football ; Raphaël Ibanez, ancien capitaine de l'équipe de France de rugby ; Michaël Jeremiasz, champion paralympique en tennis fauteuil ; Frédérique Jossinet, vice-championne olympique de judo ; Jean-François Lamour, ex-ministre des Sports, champion olympique d'escrime ; Dominique Laurent, présidente de l'Agence française de lutte contre le dopage ; Patrice Martin, champion du monde et président de la Fédération française de ski nautique ; Faustine Merret, championne olympique de planche à voile ; Jean-Jacques Mulot, Fédération française d'aviron ; Amélie Oudéa Castera, ex-joueuse de tennis professionnel ; Sarah Ourahmoune, vice-championne olympique de boxe ; Charline Picon, championne olympique de planche à voile ; Thierry Rey, champion olympique de judo ; Philippe Riboud, champion olympique d'escrime ; Mariama Signaté, vice-championne du monde de handball ; Gilles Sézionale, Fédération française de natation ; Jean-Pierre Siutat, président de la Fédération française de basket ; Séverine Vandenhende, championne olympique de judo.

19. Pierre-Louis Basse, *Séville. France-Allemagne : le match du siècle*, Éditions Privé, 2005.

20. *Ibid.*

21. Yves Coppens, *Le sport fait-il évoluer l'humanité ?*, Insep/Le Cherche Midi, 2020.

22. Entretien avec l'auteur, 10 novembre 2021.

23. JC Lattès, 2021.

24. « Les Feuilles mortes », de Jacques Prévert et Joseph Kosma.

25. Entretien avec l'auteur, 4 novembre 2021.

26. Entretien avec l'auteur, 26 octobre 2021.

27. Entretien avec l'auteur, 16 décembre 2021.

28. Entretien avec l'auteur, 18 décembre 2021.

29. Entretien avec l'auteur, 4 octobre 2021.

30. Sandrine Lefèvre, « Qui dirige le sport français ? », *Le Parisien*, 9 octobre 2021.

31. Site du ministère des Sports.

32. Le Centre national pour le développement du sport, établissement public national placé sous la tutelle du ministre chargé des

Sports, dont la gouvernance associe l'État, le mouvement sportif et les représentants des collectivités territoriales, contribue fortement au développement du sport en France et à l'aménagement du territoire dans le domaine sportif. (Site du ministère des Sports.)
33. Entretien avec l'auteur, 27 décembre 2021.
34. Agence française de lutte contre le dopage.
35. « Relevons la France du sport ! Le programme "rassembler, innover, gagner" », juin 2021.
36. Entretien avec l'auteur, 21 octobre 2021.
37. Conseillers techniques sportifs, selon le site du ministère des Sports : Ces agents, exerçant des missions de conseillers techniques sportifs (CTS), sont chargés de responsabilités diversifiées, liées, en particulier, au sport pour tous (progression de la pratique licenciée), au sport de haut niveau (détection des talents et perfectionnement de l'élite, sélection des équipes nationales), à la formation des cadres. Ils contribuent directement à la mise en œuvre de la politique sportive de l'État et sont garants de la cohérence entre les projets sportifs des fédérations et les orientations prioritaires du ministère de la Santé et des Sports. Ils s'assurent de la bonne utilisation des crédits publics. Ils assurent auprès des fédérations sportives les missions de directeur technique national (DTN), de DTN adjoint (DTNA), d'entraîneur national (EN), de conseiller technique national (CTN) ou régional (CTR).
38. Équivalent temps plein travaillé.
39. Chiffres de BPCE L'Observatoire, « La filière sport prend ses marques », février 2020.
40. « Les chiffres clés du sport 2020 », Injep.
41. Équipements sportifs, sites et espaces sportifs de nature-RES, situation au 1er janvier 2018, population de référence au 1er janvier 2016 – Insee, recensement de la population.
42. Entretien avec l'auteur, 9 novembre 2021.
43. *Faire réussir la France*, *op. cit.*
44. Manon Laporte, « Rapport sur la place des femmes dans le sport en Île-de-France », d'après des études de l'Insee et du CSA, mars 2019.
45. « France portrait social édition 2020 », insee.fr, 3 décembre 2020.

46. Rachel Pretti, « Macron accélère avant les Jeux », *L'Équipe*, 15 octobre 2021.
47. *Ibid.*
48. « Un esprit sain dans un corps sain. » (Juvénal)
49. Interview au *Point*, 20 mai 2021.
50. Selon le site de l'académie de Paris : « Les classes à horaires aménagés sportifs d'excellence offrent aux collégiens et lycéens parisiens pratiquant une activité sportive régulière et intensive dans un club affilié à une fédération nationale la possibilité de mieux concilier leur pratique sportive et leur scolarité. Les CHASE s'adressent ainsi aux élèves ayant un bon niveau de pratique sportive et un volume d'entraînement important, inscrits dans un club sportif parisien ou d'une commune francilienne. »
51. Entretien avec l'auteur, 6 octobre 2021.
52. « France portrait social, édition 2020 », insee.fr, 3 décembre 2020.
53. *Faire réussir la France*, *op. cit.*
54. Entretien avec l'auteur, 27 septembre 2021.
55. Entretien avec l'auteur, 9 novembre 2021.
56. Entretien avec l'auteur, 27 décembre 2021.
57. Organisation mondiale de la santé.
58. Selon le site du ministère des Sports.
59. Entretien avec l'auteur, 23 septembre 2021.
60. Union nationale du sport scolaire.
61. Entretien avec l'auteur, 27 décembre 2021.
62. *Faire réussir la France*, *op. cit.*
63. Laurent Petrynka, « Tirer les coups francs à la Platoche ! », *Le Parisien*, 31 mai 2020.
64. Entretien avec l'auteur, 18 décembre 2021.
65. Interview au *Monde*, 11 octobre 2017.
66. Paris 2024, dossier de presse « Des Jeux pour bouger plus », 29 novembre 2019.
67. Bertand Pulman, *Hyperformance*, *op. cit.* Baromètre réalisé par l'Irmes et Opinionway.
68. Source : Anses 2016.
69. Entretien avec l'auteur, 15 décembre 2021.

70. Entretien avec l'auteur, 18 décembre 2021.
71. « La santé intégrative concilie et rassemble les différents aspects de la santé, en considérant ses composantes multiples. C'est une démarche transdisciplinaire qui articule, autour de la médecine conventionnelle, différentes approches qui contribuent au maintien de la qualité de vie et au bien-être des personnes » (Alain Toledano, « Manifeste pour la promotion de la santé intégrative », novembre 2021).
72. Entretien avec l'auteur, 18 décembre 2021.
73. Observatoire national de l'activité physique et de la sédentarité.
74. Paris 2024, dossier de presse « Des Jeux pour bouger plus », *op. cit.*
75. Source Onaps.
76. Étude Bahman Farahmand *et al.*, « Golf : a Game of Life and Death. Reduced Mortality in Swedish Golf Payers », *Scandinavian Journal of Medecine & Science in Sports*, citée par Bertrand Pulman, *Hyperformance*, *op. cit.*
77. Réalisé en septembre 2018 par Generali et Opinionway.
78. Communiqué de presse Think Tank & Do Tank, Generali et Opinionway, 28 septembre 2021.
79. Bertrand Pulman, « Le sport, c'est bon pour la santé et… la performance économique », Harvard Business Review France, 19 avril 2016.
80. Enquête Malakoff Humanis 2019.
81. Enquête Malakoff Humanis 2020.
82. Entretien avec l'auteur, 9 novembre 2021.
83. « Plébiscité par ceux qui l'ont adopté, le sport en entreprise présente un fort potentiel de développement », communiqué de Generali, Opinionway et Think & Do Tank, 27 septembre 2018.
84. Sondage Ifop pour la Licra, marianne.fr, 9 décembre 2021.
85. Entretien avec l'auteur, 15 décembre 2021.
86. Entretien avec l'auteur, 26 octobre 2021.
87. Entretien avec l'auteur, 12 novembre 2021.
88. Tribune d'Allison Pineau, « Jeux olympiques 2024. Ne laissons pas les habitants des quartiers se dire “Ce n'est pas pour nous” », *Le Parisien*, 10 février 2019.

89. Interview à *L'Équipe*, 26 juillet 2020.
90. Manon Laporte, « Rapport sur la place des femmes dans le sport en Île-de-France », d'après des études de l'Insee et du CSA, mars 2019.
91. Entretien avec l'auteur, 26 octobre 2021.

10. Un récit national

1. Entretien avec l'auteur, 15 décembre 2021.
2. Sondage Ifop, août 2021.
3. Sondage Ifop, septembre 2021.
4. Le drapeau olympique a été présenté pour la première fois aux Jeux d'Anvers en 1920.
5. Association des maires de France.
6. Entretien avec l'auteur, 6 octobre 2021.
7. Entretien avec l'auteur, 26 novembre 2021.
8. Ernest Renan, *Discours et Conférences*, Calmann-Lévy, 1887.
9. Entretien avec l'auteur, 16 décembre 2021.
10. Entretien avec l'auteur 29 octobre 2021.
11. « Les Jeux olympiques offrent un aperçu de ce que pourrait être un monde meilleur et plus pacifique », tribune dans *L'Équipe*, 23 juin 2019.
12. Entretien avec l'auteur, 4 octobre 2021.
13. « Olympisme et coronavirus », message de Thomas Bach, président du CIO, à la famille olympique, le 29 avril 2020.
14. Interview de Tony Estanguet, *Le Figaro*, 10 août 2021.
15. Lors de sa 138e session à Tokyo, le 20 juillet 2021, le CIO a rajouté « ensemble » à sa devise historique.

Table

Remerciements

Ma reconnaissance va d'abord à Anne-Claire Tyssandier et Sandra de Jenken, qui durant quatre ans m'ont épaulé, à la Région Île-de-France, dans la bonne humeur et avec un grand professionnalisme pour mener à bien ma mission. À travers elles, je salue les personnels de la Région qui interviennent pour la réussite de Paris 2024. J'ai une pensée amicale pour Melchior Fabre et Aurélien Delfour. Sans cette aventure humaine, ce livre n'aurait pas vu le jour. Au-delà des désaccords qui jalonnent la vie publique, je remercie Valérie Pécresse de m'avoir confié cette mission que je crois avoir remplie avec exigence, conviction et enthousiasme.

Un énorme merci à Jean-François Lamour, qui m'a mis le pied à l'étrier dans le monde du sport et de l'olympisme. Sa préface, qui me touche, illustre ce compagnonnage.

Merci également à Olivier Faron, Thibaut Duchêne et Jean Spiri, qui m'ont encouragé à mener ce projet légèrement chronophage.

Merci à mon éditeur qui m'a guidé avec bienveillance.

Merci à Rachel Pretti et Marc Ventouillac, journalistes de *L'Équipe*, qui m'ont ouvert leurs précieuses archives.

Ma gratitude va aux nombreux acteurs de Paris 2024 qui m'ont accordé du temps et ont considérablement nourri ma réflexion. Un grand merci en particulier à Michel Cadot, Tony Estanguet, Nicolas Ferrand, Brigitte Henriques et Étienne Thobois, mais aussi à Michaël Aloïsio, Marie Barsacq, Gladys Bézier, Anne Descamps, Georgina Grenon, Romain Lachens, Thierry Reboul et Thierry Rey.

Mille mercis également à Patrick Braouezec, Jean-François Carenco, Fabien Canu, Frédéric Dabi, Sophie Guillon-Morel, Fabien Meuris, Cyril Mourin, Georges-François Leclerc, Pierre Mazeaud, Paul Mourier, Bertrand Pulman, Alain Toledano, Stéphane Troussel et Jean-François Vilotte, qui m'ont permis d'approfondir de nombreux sujets et m'ont apporté des points de vue éclairants.

Enfin, j'ai pu vérifier qu'écrire un livre ne peut aller à son terme sans la patience, l'humour et l'aide de ses proches. Merci à Sophie, mon épouse, et à mes fils Gaspard et Solal, moteurs olympiens de mon existence, pour leur tendre et indulgent accompagnement dans ce projet.

Cet ouvrage a été composé
par Facompo à Montrouge (Hauts-de-Seine)

Impression réalisée par
NORMANDIE ROTO IMPRESSION S.A.S.
à Lonrai (Orne)

en avril 2022
pour le compte des Éditions de l'Archipel,
département éditorial de la S.A.S. Écriture-Communication

Imprimé en France
N° d'impression : 2201533
Dépôt légal : mai 2022